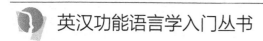
英汉功能语言学入门丛书

总主编 黄国文 何 伟

# 汉语功能句法分析

## FUNCTIONAL SYNTACTIC ANALYSIS OF CHINESE

何 伟 高生文 贾培培 张 娇 邱靖娜 著

外语教学与研究出版社
FOREIGN LANGUAGE TEACHING AND RESEARCH PRESS
北京 BEIJING

**图书在版编目（CIP）数据**

汉语功能句法分析 / 何伟等著 . -- 北京 ：外语教学与研究出版社，2015.4
（2019.7 重印）
（英汉功能语言学入门丛书 / 黄国文，何伟主编）
ISBN 978-7-5135-5851-8

I. ①汉… II. ①何… III. ①汉语－句法－研究 IV. ①H146.3

中国版本图书馆 CIP 数据核字（2015）第 068443 号

出 版 人　徐建忠
项目负责　毕　争　董一书
责任编辑　毕　争
封面设计　孙莉明
出版发行　外语教学与研究出版社
社　　址　北京市西三环北路 19 号（100089）
网　　址　http://www.fltrp.com
印　　刷　北京虎彩文化传播有限公司
开　　本　650×980　1/16
印　　张　17.5
版　　次　2015 年 4 月第 1 版 2019 年 7 月第 6 次印刷
书　　号　ISBN 978-7-5135-5851-8
定　　价　69.90 元

购书咨询：（010）88819926　电子邮箱：club@fltrp.com
外研书店：https://waiyants.tmall.com
凡印刷、装订质量问题，请联系我社印制部
联系电话：（010）61207896　电子邮箱：zhijian@fltrp.com
凡侵权、盗版书籍线索，请联系我社法律事务部
举报电话：（010）88817519　电子邮箱：banquan@fltrp.com
物料号：258510101

# 目 录

总　序 ……………………………………… 黄国文、何伟　vii

前　言 …………………………………………………… ix

术语缩写表 …………………………………………… xiii


**第一章　绪论**

1.1　引言 ………………………………………… 1

1.2　悉尼语法和加的夫语法 ……………… 2

1.3　汉语功能句法范畴 …………………… 9

1.4　汉语功能句法关系 …………………… 12

1.5　小结 ………………………………………… 13

练习 …………………………………………………… 14


**第二章　小句的类型与界限**

2.1　引言 ………………………………………… 16

2.2　小句的类型 ………………………………… 16

　　2.2.1　简单小句 ………………………… 17

　　2.2.2　复合小句 ………………………… 19

2.3　小句的界限 ………………………………… 22

　　2.3.1　粘合词 …………………………… 22

　　2.3.2　连接词 …………………………… 27

　　2.3.3　标点符号 ………………………… 33

2.4　小结 ………………………………………… 35

练习 …………………………………………………… 36


**第三章　小句的成分与功能**

3.1　引言 ………………………………………… 38

3.2　小句的成分 ………………………………… 38

　　3.2.1　谓体 ……………………………… 38

3.2.2　谓体延长成分 ……………………………… 44

3.2.3　助动词 …………………………………… 47

3.2.4　不定式成分 ……………………………… 49

3.2.5　否定词 …………………………………… 50

3.2.6　操作词 …………………………………… 51

3.2.7　主语 ……………………………………… 54

3.2.8　"让"成分 ……………………………… 58

3.2.9　补语 ……………………………………… 58

3.2.10　状语 …………………………………… 61

3.2.11　语气词 ………………………………… 66

3.2.12　其他成分 ……………………………… 68

3.3　小句的功能 …………………………………… 69

3.4　小结 ………………………………………… 73

练习 ……………………………………………… 74


**第四章　名词词组的成分和功能**

4.1　引言 ………………………………………… 76

4.2　名词词组的成分 ……………………………… 76

4.2.1　中心词 …………………………………… 76

4.2.2　前修饰语 ………………………………… 89

4.2.3　限定词 …………………………………… 93

4.2.4　后修饰语 ……………………………… 104

4.2.5　具化语 ………………………………… 106

4.2.6　触发语 ………………………………… 108

4.2.7　列举语 ………………………………… 110

4.2.8　连接词 ………………………………… 114

4.2.9　起始语与结束语 ……………………… 114

4.3　名词词组的功能 …………………………… 115

4.3.1　名词词组在小句层面的功能 ………… 115

4.3.2　名词词组在词组层面的功能 ………… 116

4.4　小结 ………………………………………… 124

练习 …………………………………………… 125

**第五章　性质词组的成分和功能**

5.1　引言 ································································· 127

5.2　性质词组的成分 ·········································· 127

　　5.2.1　中心词 ············································· 127

　　5.2.2　中心词触发语 ································ 130

　　5.2.3　调节词 ············································· 130

　　5.2.4　引出语 ············································· 136

　　5.2.5　完成语 ············································· 137

　　5.2.6　其他成分 ········································ 139

5.3　性质词组的功能 ·········································· 140

5.4　小结 ································································· 147

练习 ·············································································· 147


**第六章　数量词组的成分和功能**

6.1　引言 ································································· 150

6.2　数量词组的成分 ·········································· 150

　　6.2.1　量额 ················································· 150

　　6.2.2　调节项 ············································· 156

　　6.2.3　数量词组完成语 ···························· 162

6.3　数量词组的功能 ·········································· 165

　　6.3.1　数量词组在小句层面的功能 ········· 165

　　6.3.2　数量词组在词组层面的功能 ········· 168

6.4　小结 ································································· 172

练习 ·············································································· 173


**第七章　介词短语的成分和功能**

7.1　引言 ································································· 175

7.2　介词短语的成分 ·········································· 175

　　7.2.1　介谓体 ············································· 176

　　7.2.2　介补语 ············································· 180

　　7.2.3　其他成分 ········································ 181

7.3 介词短语的功能 ·········· 182

7.4 小结 ·········· 186

练习 ·········· 187

## 第八章 介词词组和连接词词组的成分和功能

8.1 引言 ·········· 188

8.2 介词词组 ·········· 188

    8.2.1 介词词组的成分 ·········· 188

    8.2.2 介词词组的功能 ·········· 191

8.3 连接词词组 ·········· 192

    8.3.1 连接词词组的成分 ·········· 192

    8.3.2 连接词词组的功能 ·········· 193

8.4 小结 ·········· 194

练习 ·········· 195

## 第九章 字符串的成分和功能

9.1 引言 ·········· 196

9.2 属格字符串 ·········· 196

    9.2.1 属格字符串的成分 ·········· 196

    9.2.2 属格字符串的功能 ·········· 198

9.3 人类专有名词字符串 ·········· 199

    9.3.1 人类专有名词字符串的成分 ·········· 199

    9.3.2 人类专有名词字符串的功能 ·········· 201

9.4 地址字符串 ·········· 203

    9.4.1 地址字符串的成分 ·········· 203

    9.4.2 地址字符串的功能 ·········· 206

9.5 日期字符串 ·········· 207

    9.5.1 日期字符串的成分 ·········· 207

    9.5.2 日期字符串的功能 ·········· 208

9.6 电话号码字符串 ·········· 209

    9.6.1 电话号码字符串的成分 ·········· 209

      9.6.2　电话号码字符串的功能 ……………… 210

  9.7　小结 ………………………………………… 211

  练习 ……………………………………………… 212


**第十章　非连续现象的类型和成因**

  10.1　引言 ……………………………………… 214

  10.2　非连续现象的类型 ……………………… 214

      10.2.1　名词词组中的非连续现象 ………… 214

      10.2.2　性质词组中的非连续现象 ………… 217

      10.2.3　数量词组中的非连续现象 ………… 218

      10.2.4　介词词组中的非连续现象 ………… 219

      10.2.5　小句层次上的非连续现象 ………… 221

  10.3　非连续现象的成因 ……………………… 224

  10.4　小结 ……………………………………… 225

  练习 ……………………………………………… 225


**第十一章　句法分析概览**

  11.1　引言 ……………………………………… 227

  11.2　简单小句的句法分析 …………………… 227

  11.3　复合小句的句法分析 …………………… 231

  11.4　小结 ……………………………………… 233

  练习 ……………………………………………… 234


**答案** ……………………………………………… 236

**参考文献** ………………………………………… 255

# 总　序

当代语言学理论可归为两大类别：一是以人类学和社会学为基本指导的功能语言学，一是以哲学和心理学为基本指导的形式语言学。在功能语言学阵营内，影响比较大的应属韩礼德（M. A. K. Halliday，1925—）创立而发展的系统功能语言学。自20世纪50年代末，韩礼德提出阶与范畴语法以来，该理论经过系统语法、功能语法、系统功能语法和系统功能语言学、社会符号学等阶段的发展，如今已成为一门普通语言学和适用语言学。系统功能语言学之所以被称为一门普通语言学和适用语言学，是因为它的创立和发展是为了描述、分析和解释人类的自然语言事实，同时又是以解决与语言有关的问题为导向的。

在系统功能语言学的发展和完善过程中，其本体理论中的句法和语义研究，以及其拓展和应用探讨中的语篇分析、翻译研究、语法隐喻研究、评价语言分析、文体分析、多模态分析、语言教学研究等都得到了普遍重视。换言之，学界在最近二三十年里对上述主题的比较全面而系统的研究极大地推动了系统功能语言学的发展，使其具有了作为一门普通语言学和适用语言学的学科地位。

在中国，该理论自20世纪70年代末由方立、胡壮麟和徐克容三位学者合作撰文推介以来，在过去三十多年里已经得到了比较全面的发展。我们曾于2010年至2011年为学界推出了"功能语言学丛书"（也由外语教学与研究出版社出版，共10部），梳理了系统功能语言学在中国三十多年的发展成果，目的是在前期研究基础上，提出一些比较有意义的研究话题，供学界参考，从而进一步促动系统功能语言学在中国的发展。

时至今日，系统功能语言学在中国有了进一步的发展，尤其是在本土化研究领域。不少学者在对英语进行系统功能视角研究的基础上，还基于系统功能语言学思想，对汉语进行了比较系统而深入的探讨，形成了许多很好的见解。在这种情况下，我们通过与相关学者和出版社的多次沟通，提出编撰"英汉功能语言学入门丛书"的构想。

丛书的总体想法是邀请相关学者从系统功能语言学视角分别对英语和汉语进行系统性的研究，从而推出一套既有益于英语学界读者，又有益于汉语学界读者，同时也有益于从事英汉语言对比研究的学者的系统功能语言学入门丛书。这样一方面可以为学界推介和完善系统功能语言学理论，另一方面也可以推动系统功能语言学理论的本土化研究。

在写作语言和主题安排方面，丛书的构想是有关英语研究的书稿用英语写成，有关汉语研究的书稿用汉语写成；针对一个主题，同一位作者从系统功能语言学视角同时负责英语和汉语两本书稿的撰写工作。这样有利于读者对相同理论思想的深入了解，促使其熟悉该理论思想指导下的英语和汉语研究路径，以及两种语言在同一视角下的相同点及不同点，从而帮助其进一步拓宽自身的语言学视野，提高自身的语言研究水平及应用能力。

丛书系开放性读本，我们先推出8册，分别是由何伟教授负责的《英语功能句法分析》、《汉语功能句法分析》、《英语功能语义分析》、《汉语功能语义分析》，苗兴伟教授负责的《英语语篇分析》、《汉语语篇分析》，以及司显柱教授负责的《英译汉翻译研究功能途径》、《汉译英翻译研究功能途径》。

丛书秉承功能思想，全方位呈现上述主题的内容，具有知识性、规范性和应用性等鲜明特点，对英汉功能语言学的研究和应用具有重要的指导意义。在体例上遵循如下编撰原则：一、同一主题的英语和汉语分册在章节内容安排上基本保持一致；二、每册书分为若干章节内容，同时包括前言、术语缩写表、参考文献、练习题和答案；三、每一章包括引言、主体内容、结语以及依据内容而编写的三个类型的练习题。

丛书的编撰和出版得到了中国系统功能语言学界许多专家学者以及外语教学与研究出版社的鼎力支持，在此一并对其表示衷心的感谢。

黄国文、何伟

2015 年 2 月 14 日

# 前　言

　　系统功能语言学是当代影响最大的语言学流派之一。自20世纪70年代末由胡壮麟等学者引入中国以来，我国功能语言学界已经对该理论进行了各方面的探讨，相继出版了很多论著。不过，有关功能句法分析方面的书籍却寥寥无几。为此，我们撰写了《英语功能句法分析》和《汉语功能句法分析》。

　　本书从系统功能语言学角度对汉语进行句法描写，既适用于研究借鉴，也适用于教学应用，旨在为读者，尤其是对系统功能语言学有所了解，以及对汉语功能句法分析感兴趣的读者，介绍汉语小句的分析方法。

　　本书的主要依据是语言功能思想，主要理论基础是系统功能语言学内部的加的夫模式，也适当参照了悉尼模式。在撰写过程中，对于加的夫模式中有争议、不完善的地方，本书结合以往的研究成果对其进行了修正和完善。全书共由十一章组成，分别对小句、词组、字符串的成分和功能等作了详细描述，并配有大量图例。

　　**第一章**　主要涉及两个方面的内容：一是介绍本书的理论基础——系统功能语言学中的悉尼模式和加的夫模式，目的是通过对两种模式的比较使读者对本书的理论基础有初步了解；二是重点介绍本书主要依据的理论基础——加的夫模式，旨在通过提出并简要介绍汉语功能句法范畴和功能句法关系，使读者对加的夫模式句法理论有一个基本的认识。

　　**第二章**　主要介绍小句的类型以及判断小句类型所依据的界限标志。小句可分为简单小句和复合小句。简单小句根据有无嵌入现象可分为嵌入式简单小句和非嵌入式简单小句。复合小句根据有无嵌入现象可分为嵌入式复合小句和非嵌入式复合小句；根据其中各个并列小句之间的语义关系，又可分为详述、延展和增强三种类型。判断小句类型可依据三个标准：粘合词、连接词和标点符号。粘合词引导的小句在上一级单位中可填充状语、补语或主语成分；连接词根据其在复合小句中的语义功能分为阐述类连接词、延展类连接词和增强类连接词；标点符号则是小句的界限标志。

　　**第三章**　主要介绍小句的成分及其功能。小句的主要成分包括谓体、谓体延长成分、助动词、不定式成分、否定词、操作词、主语、"让"成分、补语、状语、语气词以及其他成分，如连接词、粘合词、呼语、起始语和结束语。值得一提的是，英语中的主要动词和主要动词延长成分在汉语句法分析中分别称为"谓体"和"谓体延长成分"；另外，语气词在汉语句法分析中有着重要作用。从句法功能上看，小句可以填充不同的语法单位。一个小句可以填充一个句子，也可以填充小句中的补语、状语、主语、谓体等，还可以填充名词词组中的前修饰语和中心词、性质词组中的完成语和介词短语中的介补语等。

　　**第四章**　主要介绍名词词组的成分及其功能。名词词组可由多种成分组成，如中心词、前修饰语、后修饰语、限定词等，其中，中心词是名词词组的核心成分。需要指出的是，本章对限定词的细化分类以加的夫模式为基础，包含指示限定词、数量限定词、最高级限定词、序数限定词、比例限定词和类型限定词等六类，摈弃了加的夫模式中原有的代表限定词和部分限定词。名词词组具有强大的句法功能：它既可填充小句层面的多种成分，如主语、补语、状语；又可填充词组层面的多种成分，如名词词组中的中心词、前修饰语、各类限定词及介词短语中的介补语成分；还可填充字符串中的句法成分，如属格字符串中的拥有者。

　　**第五章**　主要介绍性质词组的成分及其功能。性质词组可分为三类："标准"性质词组、"最高级"性质词组和"序数"性质词组。性质词组主要由中心词、调节词以及完成语组成，其中，中心词是核心成分，由形容词或副词说明。调节词可分为三种：程度调节词、强调调节词和状语性调节词。性质词组的功能呈现多样化的特点：它既可以在小句层面填充不同的单位，如主语、补语、状语、谓体、谓体延长成分等；也可以在词组层面填充不同的单位。

　　**第六章**　主要介绍数量词组的成分及其功能。数量词组主要由量额和调节项组成，有时，数量词组中还会有数量词组完成语。基于加的夫模式对数量词组的描述，本章对量额、调节项以及数量词组完成语进行了较为系统的梳理和分类。数量词组的句法功能也非常强大，仅次于名词词组，可以填充小句及各类词组的多种成分。

第七章　主要介绍介词短语的成分及其功能。介词短语主要包括介谓体和介补语两个成分。介词短语可填充小句的状语、补语、主语，名词词组的前修饰语，性质词组中的完成语及数量词组完成语等。

第八章　分别介绍了介词词组和连接词词组的成分和功能。介词词组主要包括介谓体和介谓体调节词两个成分。其中，介谓体是介词词组的核心成分；连接词词组主要包括连接词和连接词调节词两个成分。其中，连接词是连接词词组的核心成分。在句法功能上，介词词组主要填充的是介词短语中的介谓体；连接词词组在功能上可填充小句中的连接词。

第九章　介绍了属格字符串、人类专有名词字符串、地址字符串、日期字符串和电话号码字符串等五类字符串的成分和功能。在这几类字符串中，属格字符串的成分最少，主要由拥有者和属格成分组成，在句法功能上可填充名词词组中的指示限定词和中心词。其余四类字符串都由多个成分组成，句法功能比较单一，主要填充名词词组中的中心词。

第十章　主要介绍英语中的非连续现象、类型以及成因。非连续现象主要发生在名词词组、性质词组、数量词组及介词词组中。导致非连续现象的原因有两个——句法单位生成过程中三原则的冲突以及语言的表达习惯。

第十一章　主要是对各种小句句法分析的一个整体呈现。本章是一个总结性章节，目的是用具体的图例为读者展示各种小句的穷尽性分析方法。

此外，本书的最前面收录了术语缩写表，以便读者阅读和学习。在每一章的后面都附有不同难易程度的习题，并在书后配有答案，供读者练习和参照。

本书的总体框架由我和高生文设计，由我本人、高生文、贾培培、张娇和邱靖娜撰写，并由我统稿、修稿及最终定稿。如有不当之处，自当负主要责任。

在本书的撰写过程中，我们力求文字准确无误，叙述简洁清晰，举例典型恰当。然而，由于时间、水平所限，疏误之处在所难免，敬请广大读者、专家批评指正。

最后，有两点需要说明：第一，此书的撰写获北京科技大学"十二五"规划教材立项以及北京科技大学研究生教育发展基金资助，同时系北京高等学校教育教学改革项目"强化输出能力的多维一体创新实践型外语专业人才培养模式探索"以及北京科技大学2014年度校教育教学改革与研究重点项目"CBI教学理念下英语专业新型课程群的构建与实践"的部分成果；第二，此书的撰写得到了系统功能语言学加的夫模式创始人、英国加的夫大学Robin P. Fawcett教授以及中山大学长江学者、特聘教授黄国文老师的鼓励和支持，在此表示诚挚的感谢。

何伟

北京科技大学

2015年1月1日

# 术语缩写表

## 单 位

| | | |
|---|---|---|
| Cl | = clause | 小句 |
| ngp | = nominal group | 名词词组 |
| qlgp | = quality group | 性质词组 |
| qtgp | = quantity group | 数量词组 |
| pphr | = prepositional phrase | 介词短语 |
| pgp | = preposition group | 介词词组 |
| cgp | = conjunction group | 连接词词组 |
| genclr | = genitive cluster | 属格字符串 |
| hpnclr | = human proper name cluster | 人类专有名词字符串 |
| adclr | = address cluster | 地址字符串 |
| dtclr | = date cluster | 日期字符串 |
| telclr | = telephone number cluster | 电话号码字符串 |
| "text" | = text (simplified model) | 语篇 |

## 小句成分

| | | |
|---|---|---|
| A | = Adjunct | 状语 |
| B | = Binder | 粘合词 |
| C | = Complement | 补语 |
| Dr | = Deriver | 引出语 |
| I | = Infinitive | 不定式成分 |
| IA | = Inferential Adjunct | 推断语 |
| L | = Let | "让" 成分 |
| MP | = Mood Particle | 语气词 |
| P | = Predicator | 谓体 |
| PEx | = Predicator Extension | 谓体延长成分 |
| N | = Negator | 否定词 |
| O | = Operator | 操作词 |
| S | = Subject | 主语 |
| V | = Vocative | 呼语 |
| X | = Auxiliary Verb | 助动词 |
| & | = Linker | 连接词 |
| St | = Starter | 起始语 |
| E | = Ender | 结束语 |

## 名词词组成分

| | | |
|---|---|---|
| h | = head | 中心词 |
| m | = modifier | 前修饰语 |
| q | = qualifier | 后修饰语 |
| v | = selector | 选择语 |
| dd | = deictic determiner | 指示限定词 |
| qd | = quantifying determiner | 数量限定词 |
| sd | = superlative determiner | 最高级限定词 |
| od | = ordinative determiner | 序数限定词 |
| fd | = fractionative determiner | 比例限定词 |
| td | = typic determiner | 类型限定词 |
| pd | = positional determiner | 方位限定词 |
| r | = reifier | 具化语 |
| tr | = trigger | 触发语 |
| mtr | = modifier trigger | 前修饰语触发语 |
| qtr | = qualifier trigger | 后修饰语触发语 |
| rtr | = reifier trigger | 具化语触发语 |
| htr | = head trigger | 中心词触发语 |
| elps | = ellipsis | 列举语 |
| i | = inferer | 推断语 |
| & | = linker | 连接词 |
| st | = starter | 起始语 |
| e | = ender | 结束语 |

## 性质词组成分

| | | |
|---|---|---|
| a | = apex | 中心词 |
| et | = emphasizing temperer | 强调调节词 |
| dt | = degree temperer | 程度调节词 |
| f | = finisher | 完成语 |
| at | = adjunctival temperer | 状语性调节词 |
| dr | = deriver | 引出语 |
| atr | = apex trigger | 中心词触发语 |
| & | = linker | 连接词 |
| st | = starter | 起始语 |
| e | = ender | 结束语 |

## 数量词组成分

| | | |
|---|---|---|
| am | = amount | 量额 |
| ad | = adjustor | 调节项 |
| qtf | = quantity group finisher | 数量词组完成语 |
| & | = linker | 连接词 |
| st | = starter | 起始语 |
| e | = ender | 结束语 |

## 介词短语成分

| | | |
|---|---|---|
| p | = predicator | 介谓体 |
| cv | = completive | 介补语 |
| prg | = predicator regulator | 介谓体调节词 |
| & | = linker | 连接词 |
| st | = starter | 起始语 |
| e | = ender | 结束语 |
| i | = inferer | 推断语 |

## 介词词组和连接词词组成分

| | | |
|---|---|---|
| p | = predicator | 介谓体 |
| b | = binder | 粘合词 |
| brg | = binder regulator | 粘合词调节词 |
| prg | =prepositional regulator | 介谓体调节词 |
| & | = linker | 连接词 |
| rg | = linker regulator | 连接词调节词 |
| st | = starter | 起始语 |
| e | = ender | 结束语 |

## 属格字符串成分

| | | |
|---|---|---|
| po | = possessor | 拥有者 |
| g | = genitive element | 属格成分 |

## 人类专有名词字符串成分

| | | |
|---|---|---|
| t1 | = first title | 爵位头衔 |
| t2 | = second title | 称谓 |
| f1 | = first forename | 第一姓前名 |

| f2 | = second forename | 第二姓前名 |
| f3 | = third forename | 第三姓前名 |
| nn | = nickname | 昵称/绰号 |
| fn | = family name | 姓氏 |
| gn | = given name | 名字 |
| pos | = position | 职位 |

hon1, hon2, etc.

|  | = first, second, etc. honors | （第一/二，等）荣誉头衔 |

qual, qual2, etc.

|  | = first, second, etc. qualifications |  |
|  |  | （第一/二，等）资格 |
| st | = starter | 起始语 |
| e | = ender | 结束语 |
| & | = linker | 连接词 |
| oq | = opening quotation mark | 开引号 |
| cq | = closing quotation mark | 闭引号 |
| iubm | = information unit boundary marker | 信息单位边界标记 |

## 地址字符串成分

| fl | = flat name | 公寓 |
| flno | = flat number | 公寓号码 |
| flo | = floor number | 楼层号码 |
| sdep | = sub-department | 子部门名称 |
| dep | = department | 部门名称 |
| org | = organization | 组织名称 |
| hona | = house name | 住宅名称 |
| hono | = house number | 住宅号码 |
| uno | = unit number | 单元号码 |
| bu | = building name | 大厦名称 |
| rd | = road | 路 |
| rdno | = road number | 道路号码 |
| rno | = room number | 房间号码 |
| vi | = village or suburb | 村 |
| pc | = post code | 邮编 |
| pob | = post office box number | 信箱号码 |
| to | = town | 乡/镇/街道 |

| | | |
|---|---|---|
| co | = county | 区/县 |
| st | = state | 国家 |
| pr | = province | 省 |
| ci | = city | 市 |
| vad | = address selector | 地址选择语 |
| iubm | = information unit boundary marker | 信息单位边界标记 |
| st | = starter | 起始语 |
| e | = ender | 结束语 |
| & | = linker | 连接词 |

## 日期字符串成分

| | | |
|---|---|---|
| yr | = year | 年份 |
| se | = season | 季节 |
| mnth | = month | 月份 |
| md | = month day | 日期 |
| wd | = week day | 星期 |
| vda | = date selector | 日期选择语 |

## 电话号码字符串成分

| | | |
|---|---|---|
| int | = international dialing number | 国际冠码 |
| nat | = national number | 国家代码 |
| arno | = area code number | 地区代码 |
| loc | = local number | 当地号码 |
| ext | = extension | 分机 |
| ob | = opening bracket | 前括弧 |
| cb | = closing bracket | 后括弧 |
| iubm | = information unit boundary marker | 信息单位边界标记 |
| st | = starter | 起始语 |
| e | = ender | 结束语 |
| & | = linker | 连接词 |

## 语篇成分

| | | |
|---|---|---|
| Σ | = Sentence | 句子 |
| OQ | = Opening Quotation Mark | 开引号 |
| CQ | = Closing Quotation Mark | 闭引号 |

# 第一章
# 绪 论

## 1.1 引言

当代语言学理论可以分为两大阵营：以人类学和社会学为基本指导的功能语言学，以及以哲学和心理学为基本指导的形式语言学。在功能语言学阵营内，影响比较大的应属韩礼德（M. A. K. Halliday）提出并发展的系统功能语言学（systemic functional linguistics）。韩礼德早期的理论模式，即阶与范畴语法（scale and category grammar）是个句法理论（如 Halliday 1961），后来经过系统语法（systemic grammar）（如 Halliday 1966）、功能语法（functional grammar）（如 Halliday 1967a，1967b，1968，1985）、系统功能语法（systemic functional grammar）和系统功能语言学（systemic functional linguistics）（如 Halliday 1978，1985，1994；Halliday & Matthiessen 2004，2013）、社会符号学（social semiotics）（如 Halliday 1978，2002-2007，2013；Halliday & Matthiessen 1999；Matthiessen 2007）等阶段的发展，如今已成为普通语言学（general linguistics）和适用语言学（appliable linguistics）。韩礼德认为目前的系统功能语言学和社会符号学理论模式的设计是为了描述、分析和解释人类的自然语言事实，所以是普通语言学；同时它们又是以解决问题为导向的理论，是为了解决与语言有关的问题而设计出来的，所以也是适用语言学。

目前，已有学者从系统功能语言学视角对汉语进行研究（比如 Halliday & McDonald 2004；Li 2007；龙日金、彭宣维 2012），不过这些研究主要是对汉语的三大元功能（metafunction）或只是概念功能（ideational metafunction）中的经验功能（experiential metafunction）进行描述，很少涉及词汇—语法

1

层次上的句法理论。尽管何伟、张敬源等（2014）对汉语的多个句法专题进行了探讨，但还不够全面和系统。因此，我们撰写此书的目的是全面而系统地描述汉语各语法单位的结构和功能，明晰它们在语言工作机制中的运作方式，也从而证明系统功能语言学理论可以应用于汉语研究，最终为将系统功能语言学称为普通语言学和适用语言学提供个别语言学的理据。

本章主要内容包括：首先，介绍此书所依据的系统功能语言学内部的两个模式，指出它们的相同点和不同点，以此说明我们为什么以其中一个模式为主要依据；其次，对功能句法理论框架内的基本范畴和关系进行介绍；最后，对此书的章节内容予以概述。

## 1.2　悉尼语法和加的夫语法

目前，系统功能语法内部存在两个主要模式，即悉尼语法（the Sydney grammar）和加的夫语法（the Cardiff grammar）。这两个模式的由来如下：在1995年由北京举办的第22届国际系统功能语言学大会上，韩礼德在提及福塞特（R. P. Fawcett）的研究时使用了"加的夫方言"（the Cardiff dialect）一词，福塞特便随之在专题发言中将自己的研究戏称为"加的夫方言"；之后，福塞特在相关论述中将韩礼德和麦提森（C. M. I. M. Matthiessen）等人的研究称为"悉尼语法"或"悉尼模式"，将自己以及同事的相关研究称为"加的夫语法"或"加的夫模式"。如此称谓的原因很简单，两种模式的命名分别源自代表人物执教和从事研究的所在地：韩礼德自1976年移居澳大利亚到2000年退休一直都在悉尼大学任教，而福塞特从1987年到2004年退休一直都在英国加的夫大学任教。目前，这两个名称已为学界所公认。

麦提森（2007：512）在论及系统功能语言学的发展时指出，20世纪70年代以来，学界见证了韩礼德系统功能标准理论的创建，也见证了其他不同系统功能理论的提出和发展。麦提森提到的其他不同系统功能理论主要指福塞特（1973/1981，1974-1976，1980）在韩礼德的系统功能理论的基础上发展而来的"加的夫语法"（或称为"加的夫模式"）。该加的夫模式的主要内容详见《系统功能语言学句法理论》（*A Theory of Syntax for Systemic Functional Linguistics*）（Fawcett 2000）。在加拿大不列颠哥伦比亚大学（University of British Columbia）召开的第37届国际系统功能语言学大会（2010年7月18日—23日）上，马丁（J. R. Martin）在大会主题发言中阐释语气系统的不同描述时，明确使用了"悉尼模式"和"加的夫模式"这两个名称。在国内，黄国文（2008）首先介绍了系统功能语言学的另一个主要模式——加的夫语法；何伟、张敬源（2010）评述了加的夫语法的一部代表作；何伟（2012）概述了加的夫语法的由来、发展和现状。

以韩礼德（1985, 1994）、韩礼德和麦提森（2004, 2013）等为代表的悉尼语法，与以福塞特（2000, 2008）和塔克（G. H. Tucker）（1998）为代表的加的夫语法，均发展自韩礼德于20世纪六七十年代对英语的描述（Fawcett 2008）。换言之，悉尼语法和加的夫语法有着相同的历史根源：二者都采取功能途径研究语言，认为聚合关系比组合关系更为基础，语言同时具有多种功能。

尽管悉尼语法和加的夫语法拥有很多共性，然而鉴于它们的构建目的存在一定的差异，二者对语言系统的描述也就有一些不同。悉尼语法构建的最初和主要目的是为语篇分析提供一个有力的工具，而加的夫语法发展的最终目的是在计算机系统中构建一个语言生成模式。基于此，二者对语言系统内部的语义层和词汇—语法层的区分不一致。

悉尼语法认为语言有三个层次——语义、词汇—语法和音系。悉尼语法提出，其描述的体现多种功能的绝大部分系统网络属于词汇—语法层次，这些系统网络包括概念功能语法系统网络、人际功能语法系统网络和语篇功能语法系统网络，它们用来体现高一层次，即语义层次上的概念功能、人际功能和语篇功能。从这种观点出发，小句层次上的研究内容不仅包括与传统句法类似的对小句主语、限定成分、谓体、补语和状语的分析——这些分析为语气结构分析——还包括对小句其他功能结构的分析，包括及物性结构、主位结构和信息结构等。

与悉尼语法有所不同，加的夫语法认为语言有两个层次——意义和形式；前者指语义，后者指词汇—语法和音系。加的夫语法对语言的语义层和形式层作了比较明确的区分，认为对语言的描述不需要更高一层的系统网络，及物性系统网络、语气系统网络等实际上就构成了语义层的内容。这些语义特征由形式层上的单一结构来体现。因此，从加的夫语法角度看，小句层次上的句法研究内容仅包括对小句主语、操作词（大致相当于悉尼语法中的限定成分）、主要动词（大致相当于悉尼语法中的谓体）、补语和状语等成分的分析。

正是由于语义层和词汇—语法层之间的模糊不清，悉尼语法基本不用"功能句法"来指代词汇—语法层次上的内容，比如在《功能语法导论》（*An Introduction to Functional Grammar*）一书中，韩礼德尽量避免使用"功能句法"（functional syntax）一词。也正是由于语义层和形式层之间的明确区分，福塞特使用"功能句法"指代形式层次上的词汇—语法内容。

同时，由于构建目的不尽相同，二者进行功能结构分析的着眼点就不同，采取的表示方式也不同。悉尼语法的目的是解构语篇，因而含有多个格子的、具有多个平行行的框形图是其青睐的表示方式，比如从这种视角对小句 We will meet Prof. Tomlin at the airport this afternoon. 的分析，见图1-1。此处需要说明的是，尽管悉尼语法指出小句的多种功能最终不是由多种结构，而是由重合在一起的一个结构来体现的，但它采用框形图表示小句多功能性的方式容易引起人们的误解，人们会以为一个小句中存在几个不同的独立结构，这与语言的实际输出过程不符。可以说，框形图表示方式注重语篇描述性质，而对理论生成性质的体现不到位。

加的夫语法采用树形图表示句法范畴以及句法关系，目的是说明小句的多功能性是由一个结构形式来体现的，比如从这种视角对小句 Did you see her yesterday? 的分析，见图1-2。这种树形图解决了结构之间的重合问题，确切地讲，解决了成分之间的重合问题：人们在生成一个小句时，不是先生成几种不同的结构，再把它们重合在一起，最终输出一个整体结构形式的，而是一开始就生成一个结构，只不过这个结构中的成分或不同成分的组合表达不同的意义，这些意义是对多个系统网络进行选择的结果。

| | We | will | meet | Prof. Tomlin | at the airport | this afternoon. |
|---|---|---|---|---|---|---|

**THEMATIC**

| Theme | Rheme |
|---|---|

**MOOD**

| Subject | Finite | Predicator | Complement | Adjunct | Adjunct |
|---|---|---|---|---|---|
| Mood | | Residue | | | |

**TRANSITIVITY**

| Actor | Process | Goal | Circumstance | Circumstance |
|---|---|---|---|---|

图1-1　悉尼语法对小句的多种结构框形图分析

（注：THEMATIC=主位结构；MOOD=语气结构；TRANSITIVITY=及物性结构；Theme=主位；Rheme=述位；Mood=语气；Residue=剩余部分；Subject=主语；Finite=操作词；Predicator=谓体；Complement=补语；Adjunct=状语；Actor=动作者；Process=过程；Goal=目标；Circumstance=环境成分）

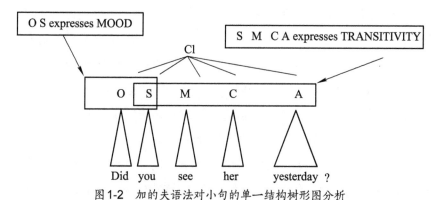

图1-2　加的夫语法对小句的单一结构树形图分析

（注：O S expresses MOOD=O S 表示语气意义；S M C A expresses TRANSITIVITY=S M C A表示及物性意义；Cl＝clause=小句；O=Operator=操作词；S=Subject=主语；M=Main Verb=主要动词；C=Complement=补语；A=Adjunct=状语）

　　悉尼语法和加的夫语法的另一个不同点是：前者主张强"级阶假说"（rank scale hypothesis），而后者主张弱"级阶假说"。悉尼语法中的句法范畴理论包括三个组成部分：单位类别（class of unit）、结构（structure）和成分（element）。其中单位分为四个级阶（rank scale），即小句（clause）、词组/短语（group/phrase）、词（word）和词素（morpheme）。词组又分为六个类别，分别是名词词组（nominal group）、动词词组（verbal group）、副词词组（adverbial group）、连接词词组（conjunction group）、介词词组

（preposition group）和介词短语（prepositional phrase）。句法范畴之间存在构成（consisting of）和体现（realization）两种关系，其核心思想是级阶构成关系，即高一层的语法单位由低一层的语法单位构成。另外，小句和其他语法单位有多种语法结构，每一种结构又包含多种功能成分，成分又由不同的词组类别来体现。

　　加的夫语法区分的句法范畴包括单位类别、成分和形式项（item）。单位包括小句、词组和字符串（cluster）。和悉尼语法一样，小句是最高层次的单位，但只有一个类别，即小句本身。词组分为名词词组、介词词组、性质词组（quality group）和数量词组（quantity group）。字符串是名词词组里的次级单位，包括属格字符串（genitive cluster）和人类专有名词字符串（human proper name cluster）等，用来表示名词词组的复杂意义。加的夫语法的句法范畴中没有短语这一概念。另外，词和词素归为形式项。句法范畴之间存在三种关系——组成（componence）、填充（filling）和说明（exponence）（Fawcett 2008：76）。福塞特试图弱化悉尼语法中的级阶概念，他没有强调上下级单位之间的构成关系，而是认为语法单位由成分直接组成，成分又由下一级单位填充或由形式项直接说明（expound）。他认为小句这一最高单位由成分直接组成，其中多数成分由形式项直接说明，绝大多数情况下只有主语、补语和状语三个成分由下一级单位填充。这种对单位之间关系的弱化使单位的界定不再受其在上一级单位中的角色的制约，而是由单位自身的内部结构和语义特征来决定。

　　强、弱"级阶假说"主张的不同以及句法范畴关系方面的不同观点衍生了小句类型划分上的不同。悉尼语法基于小句这个单位是否在同一层次上得到重复，把小句划分为两种类型：简单小句（simple clause）和小句复合体（clause complex），小句复合体又分为并列关系（parataxis）和主从关系（hypotaxis）两个类别。与悉尼语法不同，加的夫语法把小句划分成简单小句和并列小句（coordinate clause）两个类型。加的夫语法认为，如果一个小句填充了一个语法单位的一个成分，那么这个小句与该小句所填充成分所在的小句并不组成小句复合体。在下面例子中[1]，（1a）和（2a）在两种模式中都是简单小句，而另外四个，即（1b）、（1c）和（2b）、（2c）在悉尼语法中是小句复合体；加的夫语法中只有（1b）是由两个并列小句组成的句子，即悉尼语法意义上的并列关系小句复合体，其他三个是简单小句，只不过每个小句都涉及嵌入句（embedded clause）。

（1）a. John was scared.

　　　b. John was scared, so he ran away.

　　　c. John ran away, because he was scared.

（2）a. John said this.

　　　b. John said: "I'm running away."

　　　c. John said he was running away.

在句法范畴的提出上，尤其是在词组的界定和描述方面，二者也存在不同点。悉尼模式提出，词组包括名词词组、动词词组、副词词组、介词词组、连接词词组和形容词词组，其中形容词词组是名词词组中的一个类别；短语只有一个，即介词短语。词组与短语处于同一个层次上，但是词组是词的扩展，而短语是小句的缩略。悉尼模式主要描述了名词词组、动词词组和介词短语，但对这三类单位进行描述的侧重点不同：对名词词组的探讨是从两个角度——经验意义和逻辑关系进行的，说明了名词词组经验结构的组成，表明了该类词组逻辑结构内各成分之间的关系；虽然对动词词组的描述也是从这两个角度进行的，但是主要揭示了动词词组内各成分之间的逻辑关系；对介词短语的描述主要集中在其经验结构方面。有关悉尼模式对词组和短语的详细描述，参见Halliday（1985，1994）、Halliday & Matthiessen（2004）以及胡壮麟等（2005）。

加的夫模式认为，词组包括名词词组、介词词组、性质词组和数量词组。除了名词词组外，其他词组的外延都与悉尼模式的不同。加的夫模式中的介词词组与悉尼模式中的"介词短语"一致，不包括悉尼模式中的"介词词组"现象。加的夫模式中的性质词组涵盖了悉尼模式中的形容词词组和

---

1 这些例子均来自或改自Halliday（1994：220）。

部分副词词组，描述的是"物"或"事件"的性质。加的夫模式中的数量词组表示"物"、"情形"、"性质"或"数量"的数量，与悉尼模式中的名词词组、形容词词组和副词词组相交叉。加的夫模式对悉尼模式中的"连接词词组"和"介词词组"没有给予充分的描述，把它们看作数量词组的一部分，原因是它们出现的几率比较小。悉尼模式中的"动词词组"在加的夫模式中没有相应的位置。加的夫模式认为，"动词词组"单位中的成分应该提升到小句层次上，直接充当小句成分。可以说，加的夫模式对词组的描述突出了"形式是意义的体现"这一功能原则。有关加的夫模式对词组比较详细的讨论，参见 Fawcett（2000）、何伟（2006，2007，2008）、何伟、彭漪（2008）以及张敬源、顾颖（2009）等。

以上是我们结合前期研究成果（何伟 2012；何伟、高生文 2011）对悉尼语法和加的夫语法在词汇—语法研究方面相同点和不同点的梳理，下面我们需要说明本书主要以加的夫语法为依据对汉语进行描述的原因。

本书的理论基础是系统功能语法，不过我们在参考悉尼语法的同时，更多地借鉴加的夫语法的句法描述思想和做法。理由如下：其一，语言系统中意义层和形式层的明确区分使得两个层次之间的体现关系具有很强的解释力，否则我们在作语言分析时，很难说清哪些是语义因素，哪些是句法特征。其二，任何一个语法单位只有一个表达形式，这个表达形式不能说是体现不同意义的几个结构的重合体，而只能推定是单一结构，不过结构中的不同成分或成分的不同组合体现不同的意义，即在单一结构中，重合的是成分，可以说，这是由语言的生成机制决定的。其三，除了小句外，词组单位也很重要。如果我们在描述汉语时，在词组方面有比较充分的借鉴依据，那么任务也就比较容易完成。其四，与框形分析图相比，树形图在句法分析中有比较明显的优势，有利于语法单位内部结构关系的充分显示。最后，也是很重要的一点，我们从加的夫语法视角对汉语的几个特殊句式进行了研究，包括"把字句"（张敬源、王深 2013）、"有字比较句"（张敬源、张艺 2012）、"连动句"（何伟、张敬源 2013）、"是字句"（何伟、滑雪 2013）、"兼语式"（何伟 2014）和"主谓谓语句"（何伟 即出），对汉语的助动词

"要"字（何伟、滑雪、张敬源 2013）和动补结构（何伟、杨楠 2014）进行了探讨，对汉语的名词词组（何伟、洪南竹 2014）、性质词组（何伟、段耀华 2013；张敬源、段耀华 2013）和介词词组（张敬源、倪梦凝 2013）进行了描述，并对汉语简单小句和复合小句划分的标准进行了界定（何伟、苏淼 2013），这些研究[1]尽管还不够系统和全面，然而涵盖了汉语小句和词组单位的核心内容，一方面说明了加的夫语法适用于汉语研究，另一方面为汉语功能句法的系统描述提供了重要参考。

## 1.3 汉语功能句法范畴

以"语义为中心，形式体现意义"的功能描述思想为基本指导原则，以加的夫语法对英语的描述为依据，悉尼语法对某些具体问题的处理为借鉴，我们在本小节提出汉语功能句法范畴的概念，并对其进行基本介绍。

汉语功能句法理论涉及三个基本范畴——单位类别、结构成分（element of structure）和形式项，其中句法单位与语义单位紧密相关。

汉语中主要有七种句法单位类别：小句、名词词组、性质词组、数量词组、介词短语、介词词组和连接词词组。此外，还有次要单位类别，包括属格字符串、人类专有名词字符串等，这些字符串是名词词组的一个次类别，表达名词词组内比较复杂的语义关系。

结构成分指句法单位的直接组成成分，其界定依据系成分所担当的功能，而非所处的位置——这是功能句法理论中的一个基本原则。每个句法单位中的每个成分有着自身的功能，不同于其他单位中的其他成分。对于这种情况，仅有少数例外，主要包括连接和粘合句法单位的连接词和粘合词（小句中的 Linker 和 Binder，其他单位中的 linker 和 binder），标记句法单位起始和结束的标点符号（小句中的 Starter 和 Ender，其他单位中的 starter 和 ender），以及可能出现在多种句法单位中的推断语（小句中的 Inferential Adjunct，其他单位中的 inferer）。

---

[1] 此处需要指出，上述所列研究在期刊发表后，大部分辑于一书，见何伟、张敬源等（2014）。

形式项包括词和词素。严格意义上讲，词素不是句法范畴，然而由于对句法关系的充分描述必须涉及说明单位成分的形式项，所以我们在提出和介绍句法范畴时，也必须提及形式项。

下面我们依次介绍上面提到的各句法单位及其内部结构和功能[1]。

小句是汉语中的一个核心句法单位，对应于语义层次上的情景单位（situation）。汉语小句主要包括主语（Subject）、操作词（Operator）、谓体（Predicator）、补语（Complement）和状语（Adjunct）。助动词（Auxiliary Verb）、谓体延长成分（Predicator Extension）、不定式成分（Infinitive）、否定词（Negator）、"让"成分（Let）以及语气词（Mood Particle）也经常出现在小句中，同时，连接词（Linker）、粘合词（Binder）、呼语（Vocative）、起始语（Starter）和结束语（Ender）也会出现在小句中。小句在语篇（text）层面可以填充句子（sentence）；在小句层面可以填充补语、状语、主语和谓体；在词组层面可以填充名词词组中的前修饰语和中心词、性质词组中的完成语以及介词短语中的介补语。

词组也是汉语中的一个重要句法单位，系完整的指代表达形式（complete referring expression），对应于语义层次上的"物"（thing）。与这个概念相对应的是汉语中的名词词组、性质词组和数量词组。与词组紧密联系，而表达与"物"发生次要关系意义的句法单位是介词短语。介词词组和连接词词组不表示指代意义，而体现为程度、地点、时间、方式、原因等方面的增强意义。

名词词组表达"事物"，核心成分是中心词（head），其他主要成分包括前修饰语（modifier）、后修饰语（qualifier）、限定词（determiner）和选择语（selector）。除此之外，还可能包括触发语（trigger）、具化语（reifier）、列举语（ellipsis）以及也经常出现在其他句法单位中的连接词、起始语和结束语。名词词组在小句层面可以填充主语、补语和状语；在词组层面可以填充名词词组中的中心词、前修饰语、后修饰语、限定词、具化语等，性质词组中的程度调节词，数量词组中的范围完成语，介词词组

---

1 更详细内容见书中其他相关章节。

中的介谓体调节词，介词短语中的介补语以及属格字符串中的拥有者等。

性质词组表达"事物"或"情形"的性质，核心成分是中心词（apex），其他主要成分包括调节词（temperer）、引出语（deriver）、完成语（finisher）和中心词触发语（apex trigger）。此外，还可能包括连接词、起始语和结束语。性质词组在小句层面可以填充主语、谓体、谓体延长成分、补语、状语等，在词组层面可以填充不同的成分，如名词词组中的前修饰语、最高级限定词、中心词，性质词组中的调节词等。

数量词组对应于语义层次上的"数量"（quantity），不仅表示"事物"的"数量"，还可以表示"情形"的"数量"，甚至是"数量"的"数量"。数量词组的核心成分是量额（amount），其他主要成分包括调节项（adjustor）和数量词组完成语（quantity group finisher）。数量词组在小句层面可以填充谓体、谓体延长成分、主语、补语、状语；在词组层面可以填充名词词组中的限定词，性质词组中的程度调节词以及数量词组中的量额和调节项。

介词短语表达与"事物"发生的次要关系（minor relationship with "thing"），主要包括两个成分，即介谓体（predicator）和介补语（completive）。介词短语在小句层面可以填充状语、补语、主语等；在词组层面可以填充名词词组中的前修饰语，性质词组中的完成语及数量词组完成语等。

介词词组主要包括两个成分——介谓体和介谓体调节词（prepositional regulator）。介词词组只能填充介词短语中的介谓体成分。

连接词词组主要包括连接词和连接词调节词两个成分。在功能上可填充小句中的连接词。

字符串是名词词组下的一种特殊语法单位，可表示所属关系、姓名、地址、日期、电话号码等，一般由两个或两个以上成分组成。比如属格字符串由拥有者（possessor）和属格成分（genitive element）组成，人类专有名词字符串潜式结构由头衔、姓氏、名字、职位等组成。属格字符串可填充名词词组中的指示限定词和中心词，人类专有名词字符串可填充名词词组中的中心词、后修饰语以及属格字符串中的拥有者。

## 1.4 汉语功能句法关系

汉语功能句法范畴之间存在四种关系：组成（componence）、填充（filling）、说明（exponence）和重合（conflation）。

组成关系指句法单位及其成分之间的部分与整体的关系。比如小句"我昨天去过书店"由主语、状语、谓体、助动词和补语组成；名词词组"一张精美的贺卡"由数量限定词、前修饰语、前修饰语触发语和中心词组成；性质词组"很漂亮"由程度调节词和中心词组成；数量词组"很多"由调节项和量额组成；介词短语"在中国"由介谓体和介补语组成；介词词组"只朝着（一个方向）"由介谓体调节词和介谓体组成；连接词词组"紧接着"由连接词调节词和连接词组成；属格字符串"张三的（书）"由拥有者和属格成分组成；人类专有名词字符串"李四教授"由姓氏、名字和职位组成。

填充关系指结构成分及充当该成分的句法单位之间的关系，这种句法关系衍生了并列和嵌入两种关系。也就是说，在一个句法结构中，填充可引入一个单一的同级或上级或下级句法单位，也可引入两个或多个句法单位。比如：小句"我上月看了那场电影"中的时间状语是由名词词组"上月"填充的，这个时间状语可以换成介词短语"在上个月"，或者小句"在度假时"，又或者两个并列的介词短语"在上个月或者在两周前"。

说明关系不同于其他句法关系，它不涉及抽象句法范畴之间的关系，而是指句法结构成分和形式项之间的关系。比如名词词组"美妙的音乐"的中心词就是由形式项"音乐"来说明的。

重合关系指句法结构中一个成分和另外一个成分共享一个表达形式。汉语句法中很少出现重合现象，基本限于操作词和谓体的重合。比如小句"问题还是很多"中的"是"既是极性操作词，又是谓体。

在功能句法描述中，组成、填充、说明和重合关系分别用自上而下的垂直或斜体直线、横向直线、三角形和斜线表示。比如我们对小句"我学会了电脑"的分析，见图1-3。

此处有一点需要说明：小句是汉语中的核心句法单位，也是最高层次的句法单位,而句子不是句法单位,是语篇结构中的位置占有者(place holder)。语篇中的一个句子可以由一个简单小句填充,也可以由两个或多个并列小句,即复合小句填充——前者见图1-3,后者见图1-4。

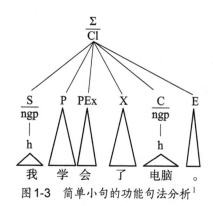

图1-3　简单小句的功能句法分析[1]

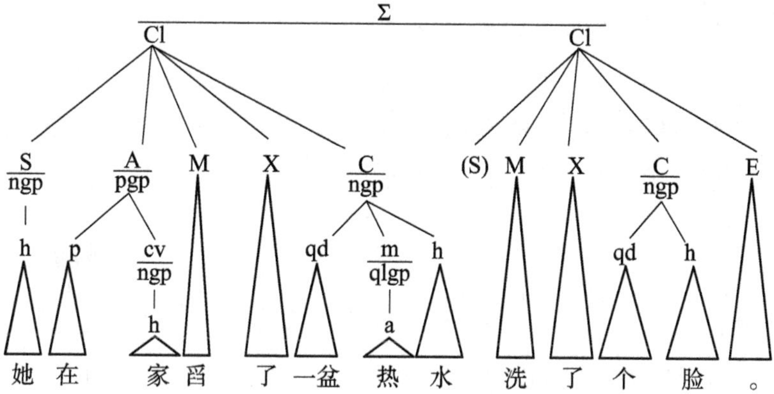

图1-4　复合小句的功能句法分析

## 1.5　小结

本章首先对系统功能语言学的发展历程进行了介绍,指出其作为普通语言学和适用语言学理论对汉语研究的指导意义,提出从该视角对汉语的描述反过来也是对它作为普通语言学和适用语言学理论提供的个别语言学理据支

---

1 自本章起,全书将在句法结构分析时用到许多相关缩略语,为便于理解,请对照文前的术语缩略表进行阅读。此后各章也均不再为此设专门脚注。

持。其次，对系统功能语言学内部的两大主要模式——悉尼语法和加的夫语法——名称的由来以及二者之间的相同点和不同点进行了概述，强调了二者均发展自韩礼德20世纪六七十年代发展的系统功能思想及其对英语的描述；同时鉴于本书的话题，着重圈点了二者对语言系统中语义层和词汇—语法层区分的不同，以及二者对词汇—语法层中研究内容上的不同，借此指出二者对功能句法范畴和关系的界定不一致。再次，就本书主要依据加的夫模式的原因进行了说明。最后，基于"语义为中心，形式体现意义"的语言描述原则，主要依据加的夫模式的句法范畴和句法关系，提出并简要介绍了汉语功能句法范畴和汉语功能句法关系。

　　本书第二章描述汉语小句的类型及其界限标记，第三章系统描述汉语小句的内部结构成分及其外部功能，第四至第九章分别描述汉语各词组／短语的内部结构成分及其外部功能，第十章着重描述句法单位内部成分的非连续现象，最后一章呈现汉语功能句法分析的全貌。

　　学界目前从系统功能视角对汉语句法的系统描述还很少见，我们希望本书的推出能起到抛砖引玉的效果，期待更多的学者采纳系统功能视角来研究汉语，共同推动系统功能语言学的本土化研究进程。

## 练　习

1. 简要回答下列有关系统功能语言学及其两个主要模式的相关问题。

　　（1）本书描述的汉语句法依据的是哪种语言学理论？

　　（2）哪位学者创立了系统功能语言学？

　　（3）系统功能语言学有哪两个主要模式？

　　（4）谁是加的夫语法的主要代表人物？

　　（5）悉尼语法的主要代表作是哪部书？

　　（6）加的夫语法的主要代表作是哪部书？

2. 简要回答下列有关汉语功能句法理论的问题。

 （1）汉语功能句法范畴有哪些？

 （2）汉语中有哪几种功能句法单位类别？

 （3）汉语功能句法范畴之间的关系有哪几种？

 （4）组成关系指什么？

 （5）填充关系指什么？

 （6）说明关系指什么？


3. 模仿所给例子，判断并写出下列句法单位的类别。

 例：（小句）今天是星期一。

 （1）（ ）她诚实吗？

 （2）（ ）明天的中国

 （3）（ ）很美好

 （4）（ ）很多

 （5）（ ）在太空

 （6）（ ）小明的（行李）

# 第二章
# 小句的类型与界限

## 2.1 引言

现代汉语语篇中的句子（text-sentence）不是一个语法单位，它是由核心语法单位小句来填充的。现代汉语小句种类繁多，本章将划分汉语小句的类型，并确定它们的界限。

汉语小句根据其是否单独填充一个句子可分为简单小句和并列关系小句。简单小句和并列关系小句可根据不同的标准进行不同的分类，比如它们可根据有无嵌入现象进一步分为非嵌入式和嵌入式小句。处于并列关系中的小句根据它们之间的语义关系又可构成阐述型、延展型或增强型复合小句（相当于Halliday讲的并列关系小句复合体）。

不同类型小句的界限判断主要依赖三个标志：粘合词、连接词和标点符号。其中，粘合词引导的小句在上一级单位中可填充状语、补语或主语成分；连接词根据其在复合小句中的语义功能分为阐述类连接词、延展类连接词和增强类连接词；标点符号部分将主要介绍句号、问号、感叹号、逗号、破折号、括号、分号、单引号和双引号，用以判断小句的界限。

## 2.2 小句的类型

由于汉语是重意合的语言，汉语句子常常给人一种"行散神聚"的感觉。事实上，无论一个汉语句子在形式上多么松散，在语义上多么复杂，都可以由简单小句或并列关系小句填充。下文例（1）为简单小句填充的句子，例（2）为并列关系小句填充的句子。在语法上，例（1）称为简单小句，例（2）称为复合小句。

（1）他说，"我晓得，大家称我'鸭司令'，是为了鼓励我养好鸭，多养鸭，为四化多作贡献。"

（2）她喜欢听他说话，喜欢看他笑……

简单小句和复合小句的区别在于简单小句只表达一个主要过程（major process），而复合小句则至少表达两个主要过程，也就是说，复合小句是由处于并列关系中的简单小句组成，即由并列关系小句组成。

关于过程（process），有两点需要说明：

1. 过程是由形式层上的谓体来确定的：一个谓体体现一个过程；

2. 过程有主要过程和依赖过程（minor process）之分：主要过程具有意义上的完整性；而依赖过程是嵌入在主要过程之中的，本身不具有意义上的完整性和独立性，常用来表达经验意义（experiential meaning）的一部分，或者体现一定的逻辑语义关系（logico-semantic relationship）。

鉴于主要过程和依赖过程的区分，一个简单小句可以有且仅有一个主要过程，也可以是一个主要过程加上嵌入其中的依赖过程；一个复合小句可以有两个或者两个以上的主要过程，也可以是两个或者两个以上的主要过程再加上嵌入其中的依赖过程。这些不同的情况可依次由下述例句体现：

（1）我喜欢那个地方。

（2）有人认为海南的腾飞主要依靠发展热带作物和旅游产业。

（3）既要保证需要，又要减少资金占用。

（4）胡主编既想给小骆以鼓励，又不愿给他开空头支票。

### 2.2.1 简单小句

根据有无嵌入现象，简单小句可以划分为两类：非嵌入式简单小句（non-embedded simple clause）和嵌入式简单小句（embedded simple clause）。

非嵌入式简单小句有且仅有一个主要过程，不涉及任何的嵌入情况（即没有依赖过程），因而它的句法结构也是最简单的。下述例句均为非嵌入式简单小句：

（1）我爱他。

（2）他不懂歇斯底里症。

（3）近些年来，我国的教师队伍建设取得了很大成绩。

嵌入式简单小句是指包含嵌入现象的简单小句（嵌入句充当上一级单位的某个成分），因而除了一个主要过程，该类简单小句中还会有依赖过程。嵌入式简单小句可以根据嵌入句和上一级单位之间的关系（即嵌入句充当了上一级单位中的什么成分）或嵌入的方式进一步分类。

首先，根据嵌入句和上一级单位之间的关系，嵌入式简单小句有以下四种情况：

1. 嵌入句充当主语成分，如下述各例所示：

（1）<u>喜欢一个人</u>是件痛苦的事。

（2）<u>吃饭</u>是人体所必需。

（3）<u>科学养牛</u>可不是一天的工夫了。

2. 嵌入句充当谓体成分，如下述各例所示：

（1）小王<u>个儿很高</u>[1]。

（2）我哥哥<u>学习也很好</u>。

（3）小王庄的麦地，<u>一块胜过一块</u>。

3. 嵌入句充当补语成分，如下述各例所示：

（1）苏亚雷斯说，<u>我们正在进步</u>。

（2）他认为<u>球迷可以用传统而无害的方法来为球队助威打气</u>。

（3）固然，过去的政治思想家喜欢<u>把他们的政治思想系统，建筑在宇宙观本体观的哲学基础上</u>。

4. 嵌入句充当状语成分，包括目的状语、原因状语、时间状语、让步状语、条件状语等，如下述各例所示：

（1）<u>为了争取我们民族的生存空间和发展机会</u>，同胞们，快警党起来！

---

1 此处例（1）和例（3）均选自《现代汉语》，邢福义主编（2011）。

（2）<u>由于垃圾圆桶得到固定</u>，圆桶的损坏率也降低了。

（3）<u>当谈论民主作风时</u>，人们很自然地想到了延安时代。

（4）<u>尽管存在着这些差别</u>，但我们有着共同的东西。

（5）<u>只要学会了它</u>，谁都可以使用。

其次，根据嵌入的方式，嵌入式简单小句可分为两种，即线性嵌入式简单小句（linearly-embedded simple clause）和非线性嵌入式简单小句（non-linearly-embedded simple clause）。

1. 线性嵌入式简单小句是指简单小句中至少有两个嵌入句处于并列关系之中。

（1）我觉得<u>我们吃饭是为了活着</u>，<u>可活着不是为了吃饭</u>。

（2）他说，<u>继续发展中罗友谊是我们两国人民的共同愿望</u>，<u>也是中国共产党和中国政府坚定不移的方针</u>。

（3）佛教说这事<u>一方面表示前世的因</u>，<u>一方面预定来生的果</u>。

2. 非线性嵌入式简单小句是指在一个简单小句中，至少有一个嵌入句嵌入在另一个嵌入句当中。

（1）马克思主义认为，<u>当一门科学已经可以用数学关系来解释时</u>，那就意味着这门科学的成熟。

（2）历史经验证明，<u>当战争临头时</u>，军事经济由平时向战时的转变是必然的。

（3）不过《圣经》告诉我们，<u>自从亚当夏娃犯罪之后</u>，人类的心灵已经蒙昧黑暗。

## 2.2.2 复合小句

一个复合小句中至少包含两个处于并列关系之中的小句，即一个复合小句中并列关系小句的数量可以是两个、三个，甚至更多，如下述例句所示：

（1）这样既节省了时间和燃料，又减少了城市污染、噪音和交通事故。

（2）睡眠是拒绝行动，是对未来的恐惧，或者，它是对自身境遇的一种厌倦和报复。

（3）第一，继续实行党中央十一届三中全会以来的改革开放的路线和方针；第二，不犯类似于"大跃进"的重大战略决策失误，导致大的经济波动；第三，不再重演"文革"的政治动荡和社会动乱；第四，能够有效地严格控制总人口数量；第五，不发生特大的全局性的自然灾害；第六，不爆发大规模的外国入侵战争，我国也不卷入他国的军事对抗。

复合小句的划分也有两种标准：一个标准是复合小句中各个并列关系小句之间的语义关系，另一个标准是复合小句中是否出现了嵌入现象。

根据复合小句中各个并列关系小句之间的语义关系，复合小句可进一步分为阐述型、延展型和增强型。

1. 阐述型复合小句是指其中一个并列关系小句是对另一个并列关系小句的重述、解释、评论或例示，如下述各例所示：

（1）人们通常用机会均等这句话表达自由与平等之间固有的关系，也就是说，用均等的自由这个构架将这两个观念结合起来。

（2）团干队伍稳定性差的原因有三：一是有些团干出外做工；二是有些女团干出嫁；三是一批团干转行。

（3）大家无非是想致富，这符合中央精神。

（4）资产阶级学者往往从形式上来划分，例如他们把国家分为君主国和共和国。

2. 延展型复合小句是指其中一个并列关系小句对另一个并列关系小句进行意义上的增加、承接、对照或选择，如下述各例所示：

（1）县植保公司既要指导全县植保工作，又要承包合同防治任务。

（2）听了艾大伯的提问，孩子们先是皱眉头、抓头皮，接着就是交头接耳、小声嘀嘀，最后就七嘴八舌地答起来了。

（3）这时，他们不是在火柴盒上标上自吹自擂的口号，而是实实在在地写上每盒火柴的标准支数。

（4）电子自旋的方向要么与核自旋的方向相同（平行），要么相反（反平行）。

3. 增强型复合小句是指其中一个并列关系小句为另一个并列关系小句提供一定的环境成分，比如时间、地点、原因等，如下述各例所示：

（1）我十年前在清华教书，那时清华不是这样的。

（2）我曾在北京工作过，那里有我很多回忆。

（3）他们可以是十分优秀的作家，却不能从整体上解释这种现象。

根据复合小句中是否出现了嵌入句，复合小句又可进一步分为非嵌入式复合小句（non-embedded coordinate clauses）和嵌入式复合小句（embedded coordinate clauses）。

非嵌入式复合小句是指复合小句中没有任何的嵌入现象，只是两个或两个以上的简单小句处于相互并列的关系之中。这样的复合小句如下：

（1）人民是我国社会的主人，也是社会主义事业的主人。

（2）这个复肥厂是目前我国最大的化工合资项目，也是亚洲最大的复肥厂。

（3）小说可以具体地描写人物的音容笑貌，也可以展示人物的心理状态，还可以通过对话、行动以及环境气氛的烘托等多种手段来刻画人物。

嵌入式复合小句是指复合小句中出现嵌入的现象，因此要成为嵌入式复合小句，须满足两个条件：

1. 两个或两个以上的简单小句处于相互并列的关系之中，构成复合小句；

2. 有嵌入现象的发生。

嵌入式复合小句如下述各例所示：

（1）科学幻想小说鼻祖凡尔纳，<u>在读书时</u>也总是边读、边想、边作摘记。

（2）今天，<u>为了适应四化建设新的形势和任务的需要</u>，他主动让贤，光荣引退，又为党的事业作出了新的贡献。

（3）就一个人来说，<u>当他充分发挥创造力时</u>，就充满生机活力，硕果累累；就一个国家来说，<u>如果能重视发挥人的创造力</u>，这个国家就能掌握"智力优势"，从而迅速提高全民族的创造力。

复合小句中的嵌入现象可以发生一次、两次或多次，如下述各例所示：

（1）决议既强调了<u>反对个人崇拜</u>，又正确指出了对领袖的态度。

（2）他既想<u>摆脱主体意识的先验论的观念</u>，又谋求<u>建立一种不与历史和经济简单挂钩的社会理论</u>。

（3）<u>当它很稀薄的时候</u>，便形成火；<u>当它浓厚的时候</u>便形成风，然后形成云；<u>当它更浓厚的时候</u>，便形成水、土和石头，别的东西都是从这些东西产生出来的。

## 2.3　小句的界限

不同小句的界限可通过不同的标志来进行确定。这些标志主要有：粘合词、连接词和标点符号。粘合词的功能是将一个小句嵌入在上一级单位中；连接词的功能是将不同的简单小句置于一个复合小句中，并形成相互并列的关系；标点符号的功能是标识简单小句、复合小句以及嵌入句的起始点或（和）结束点，如下述各例依次所示：

（1）<u>为了</u>迅速打开以林为主、绿化荒山的新局面，平山县委、县政府先后突出抓了以下三个方面。

（2）沙石峪这些年<u>不光</u>解决了水和土的问题，<u>也</u>解决了肥的问题。

（3）他热爱祖国，热爱共产主义事业，热爱飞行。

### 2.3.1　粘合词

粘合词的功能是将其引导的小句（可能是简单小句也可能是复合小句）嵌入到上一级单位之中。从句法上来说，粘合词属于它所引导的嵌入句。

对粘合词进行分类，可依据两个标准：一是粘合词引导的小句在上一级单位中充当什么样的成分；二是粘合词的数量。

根据粘合词引导的小句在上一级单位中所充当的成分，可分为三种情况，即粘合词引导的小句充当上一级单位中的状语、补语或主语。

粘合词引导的小句充当状语成分时，可表达一定的时间意义和逻辑关系。当其表达时间意义时，又分为以下三类：

1. 粘合词引导的小句可以表达时间点，此类粘合词主要包括"当……时"、"直到……时"、"自从……后"等。

（1）当公共汽车行驶到获鹿县平南煤厂附近时，因故障停车。

（2）直到刚才郑大昌回来时，才觉着有门路了。

（3）但自从古希腊文明衰落后，整个西方社会文化背景发生了根本性的变化。

2. 粘合词引导的小句可以表达时间段，此类粘合词主要包括"当……的时候"、"正……的时候"、"在……的时候"等。

（1）当你们吃早餐的时候，我在美洲，叫美洲各国的孩子们上床睡觉去！

（2）王大夫正这样想的时候，陆工程师又来电话请他去吃便饭了。

（3）还在他当副指导员的时候，就发现战士们有时听课兴趣不大。

3. 粘合词引导的小句可以表达频率，此类粘合词主要包括"每当"、"每每"、"每次"等。

（1）每当一艘艘中外航船安然无恙地从这里通过，人们怎能不感激这座海上灯塔的建设者。

（2）台下的观众每每看到这里，总不禁要发笑，嘲笑王魁的窘态。

（3）这几年，厂里每次评选先进生产者，他都是被一致通过的第一名。

粘合词引导的小句还可以表达一定的逻辑关系，如原因、目的、结果、让步、条件、比较等。

1. 表达原因的粘合词主要有"因为"、"由于"、"鉴于"等，如下述各例所示：

（1）球迷在离开球场时无法找回自己的雨伞，<u>因为</u>它们被堆在一起无法辨认。

（2）<u>由于</u>调整能源工业内部的比例关系，一九八〇年的能源产量比一九七九年下降了百分之二点六。

（3）<u>鉴于</u>陈士发取得的成就和德才表现，部队党委将他提升为这个团的四连副指导员。

2. 表达目的的粘合词主要有"为了"、"为着"等，如下述各例所示：

（1）<u>为了</u>适应大规模屠宰的新形势，他们逐步向小联合、专业分工发展。

（2）<u>为着</u>巩固我国人民已经取得的胜利果实，必须继续巩固和加强工人阶级对于国家的领导。

3. 表达结果的粘合词主要有"使"、"以致于/以至于"等，如下述各例所示：

（1）至此，基本上解放了华北地区，<u>使</u>国民党军队驻华北主力基本丧失。

（2）在中国这样一个国度，传统文化的积淀如此丰富，<u>以至于</u>任何一个有生命力的新事物出现后都不可能一帆风顺地发展。

4. 表达让步的粘合词主要有"尽管……（但……）"、"即使……也……"、"纵然……也……"等，如下述各例所示：

（1）<u>尽管</u>还是早春天气，<u>尽管</u>距旅游旺季还有偌多日子，苏联著名游船——"高尔基"号邮轮，于最近翩然驶入秦皇岛港。

（2）<u>即使</u>在活着的时候能苟且保全自己的官爵，死后到地下<u>也</u>无面目去见自己的祖先。

（3）<u>纵然</u>他们不说，我<u>也</u>有愧于心哪。

5. 表达条件的粘合词主要有"只要……就……"、"倘若……就……"、"除非……否则……"等，如下述各例所示：

（1）<u>只要</u>我们毫不动摇地继续坚持这样做下去，我们的国家<u>就</u>一定能胜利地实现社会主义现代化。

（2）倘若从这种思路出发，我们就会大大提高对改革阵痛的承受能力。

（3）除非他答应与帝国统帅部重新合作，否则就让他蹲一辈子监狱！

6. 表达比较的粘合词主要有"正如……也……"、"正像……也……"、"不像"等，如下述各例所示：

（1）在播种祭祀方面，正如从准备播种到播完是一个生产程序一样，播种祭祀也就自然表现为一种续进的祭祀活动。

（2）正像同年八月我到了美国，举目无亲、孤独一人一样，我到了深圳也是一个人都不认识。

（3）外面静下去了，不像刚一到时那样忙乱了。

粘合词引导的小句充当补语或主语成分时，粘合词分为以下两种情况：

1. 粘合词引导的小句充当补语或主语成分时，可以表达可能的选择性。此类粘合词是语法成分，包括"能否"、"是否"、"可否"等，如下述各例所示：

（1）他想能否将一些特定的数据存储在外存储器内。

（2）是否坚持这样的方针，将关系到社会主义的兴衰和成败。

（3）关于企业生产发展对流动资金的追加需要，可否由生产发展基金解决，是可以研究的一个问题。

2. 粘合词引导的小句充当补语或主语成分时，粘合词在该句中充当一定的成分，如状语、主语等。此类粘合词主要包括"如何"、"怎样"、"为什么"、"谁"、"何时"等，如下述各例所示：

（1）因此，如何解决十几亿人口的基本生存需求——吃饭问题，将是中国长期面临的最大问题。

（2）各企业的厂长、经理要通过学习，懂得怎样做一个社会主义企业的好厂长、好经理，懂得怎样有效地进行政治思想工作。

（3）这便是为什么在苏联，人人都问你的父亲是干什么的。

（4）毛主席的政论所具有的独特的风格是谁也体会到的。

（5）他认为<u>何时</u>到南京，要看火候，去早了不利。

综上所述，粘合词的分类可用下表概括：

表2-1　粘合词

| 粘合词 | | | 举例 |
|---|---|---|---|
| 引导的小句充当状语 | 表时间 | 时间点 | "当……时"、"直到……时"、"自从……后" |
| | | 时间段 | "当……的时候"、"正……的时候"、"在……的时候" |
| | | 频率 | "每当"、"每每"、"每次" |
| | 表逻辑关系 | 原因 | "因为"、"由于"、"鉴于"、"在于" |
| | | 目的 | "为了"、"为着" |
| | | 结果 | "使"、"以致于/以至于" |
| | | 让步 | "尽管……（但……）"、"即使……也……"、"纵然……也……"、"即便……也……"、"就算……也……"、"哪怕……也……"、"就是……也……" |
| | | 条件 | "只要……就……"、"倘若……就……"、"除非……否则……"、"只有……才……"、"不论……都……"、"不管……都……"、"如果……就……"、"假如……就……"、"若……就……" |
| | | 比较 | "正如……也……"、"正像……也……"、"不像""犹如……也……"、"而" |
| 引导的小句充当补/主语 | | | "能否"、"是否"、"可否" |
| | | | "如何"、"怎样"、"为什么"、"谁"、"何时"、"何地" |

此外，根据粘合词的数量，粘合词可分为以下两类：

1. 单独使用的粘合词，此类粘合词主要包括"每当"、"为了"、"从而"、"然而"、"以致于/以至于"等，如下述各例所示：

（1）<u>每当</u>夜幕降临，这里的大理石会闪烁微蓝色的亮光。

（2）后人<u>为了</u>纪念麦哲伦对航海事业作出的贡献，把这段海峡称为麦哲伦海峡。

（3）要通过共产党人的先锋模范作用，激发全体人民建设现代化国家的热情，<u>从而</u>使生产力得到迅速发展，使社会主义优越性得到更好的体现，使人民得到更多的实惠。

（4）这些年，到小海字参观访问的中外人士不算少，<u>然而</u>村子里除了半机械化的猪场、鸡场、场院和库房是新建筑外，没有礼堂和大会议室。

（5）刚才那女声高亢得失真了，<u>以至于</u>周华都未能辨别出是谁。

2. 成对出现的粘合词，其中一个粘合词的出现暗示另一个粘合词的配合。此类粘合词主要包括"因为……所以……"、"虽然……但是……"、"尽管……但……"、"即使……也……"、"既然……那么……"等，如下述各例所示：

（1）<u>因为</u>5年期零存整取的利率与当时3年期整存整取的利率水平相等，<u>所以</u>在开户之后两年之内不必在这张存折上投资。

（2）<u>虽然</u>会场上只有我一个中国人，<u>但是</u>我好像感到九亿多中国人民和我站在一起。

（3）<u>尽管</u>海湾战事已进入第3天，<u>但</u>地面部队尚未加入战斗。

（4）<u>即使</u>是对手以死相要挟，她<u>也</u>毫不动摇。

（5）<u>既然</u>双方均注重整体攻防，<u>那么</u>谁阵容整齐，谁占便宜。

### 2.3.2　连接词

连接词是复合小句的重要标志之一。连接词可以将位于它之前和位于它之后的不同并列关系小句组织起来。从句法上来说，连接词属于位于它之后的并列关系小句，而不属于之前的并列关系小句。

根据连接词的语义功能或数量，可对连接词进行不同的分类。

根据连接词在复合小句中的语义功能，连接词可分为阐述类连接词、延展类连接词和增强类连接词。阐述类连接词主要包括表达重述、解释、评论或例示意义的连接词。

1. 表达重述意义的连接词有"也就是说"、"也可以说"、"换言之"等，如下述各例所示：

（1）要严格按照《通知》的要求执行，<u>也就是说</u>，举办营业性舞会要把社会效益放在首位。

（2）在戏曲艺术中，舞蹈获得很大的发展，<u>也可以说</u>超过了中国历史上任何一个时期。

（3）而在平抛运动中，如果速度大过某一阈值，物体的下落即可为地球表面弯曲所弥补，<u>换言之</u>，物体就进入了一条绕地运行的轨道，永远不落到地面了。

2. 表达解释意义的连接词有"即"，如下述各例所示：

（1）巴西具有典型的二元农业结构的特点，<u>即</u>一方面是以家庭劳动力为主的小规模农户，另一方面是规模很大的农场。

（2）西方哲人大致有两种相反的态度，<u>即</u>一派认为有，另一派认为无，而两派的判别标准是相对的。

3. 表达评论意义的连接词常见的有"这"、"那"等。它一方面起到连接小句的作用；另一方面，在小句中还充当主语成分，如下述各例所示：

（1）共产党员要廉洁奉公，<u>这</u>是党的性质和宗旨所决定的。

（2）再由癖发展成嗜，<u>那</u>将不仅是个人的悲剧，还会酿成社会公害。

4. 表达例示意义的连接词有"例如"、"如"、"举个例子（说）"等，如下述各例所示：

（1）会计法对会计核算还作出了各种具体的要求，<u>例如</u>，会计机构必须审查原始凭证，各单位必须设置会计账簿，根据原始凭证和记账凭证按时记账，各单位应当根据账簿记录，编制和报送月份、季度的会计报表和年度的会计决算报表。

（2）你平时要持久地进行冷水锻炼，<u>如</u>洗冷水脸、冷水澡等。

（3）这食物链的作用可不小，<u>举个例子说</u>：有一种叫"滴滴涕"的药物，在空气中的含量大约是一万亿分之三，如果到了水中被浮游生物吸收，就可浓集一万三千倍，这些浮游生物被小鱼吞吃后，在小鱼身上"滴滴涕"可达千万分之五；小鱼再被大鱼吃掉，在大鱼体内"滴滴涕"可浓集五十七万二千倍；大鱼如能被水鸟捕捉吃掉，水鸟体内"滴滴涕"含量竟达百万分之二十五，总共提高了八百三十三万倍。

延展类连接词主要包括表达增加、承接、对照或选择等意义的连接词。

1. 表达增加意义的连接词有"另外"、"此外"、"并"等，如下述各例所示：

（1）当月球探测器处于第二种类型轨道时主要考虑地球的引力和月球的引力；另外还要考虑太阳的引力。

（2）他仍然坚持不懈地教课和翻译，此外，还写出了中国的第一部《西方美学史》。

（3）市人大常委会主任吴振主持了会议，并传达了七届全国人大三次会议的精神。

2. 表达承接意义的连接词有"接着"、"然后"、"后来"等，如下述各例所示：

（1）胡耀邦在会上首先向四百余位澳大利亚新闻界人士简要介绍了中国的基本国策，接着回答了记者们提出的问题。

（2）随手将一张名片连同收录机放在这位战士面前，然后匆匆离去。

（3）去年8月份，他被批准为中共预备党员，后来还当选为临汾市第四届人大代表。

3. 表达对照意义的连接词有"要……不要……"、"不是……而是……"、"宁肯……也不……"等，如下述各例所示：

（1）家访时要尊重家长，要抱着和家长共同研究、商讨教育学生的态度，不要命令、训斥。

（2）这位战士不是如实地将自己的情况告诉对方，而是谎称自己是连队的代理司务长，不久还有可能提升为干部。

（3）资本家宁肯让报纸在国外出版也不向工人让步。

4. 表达选择意义的连接词有"或者……或者……"、"不是……就是……"、"是……还是……"等，如下述各例所示：

（1）<u>或者</u>接受改造，重新做人；<u>或者</u>不认真改造甚至消极顽固下去，断送终生。

（2）听说，你过去开饭店的时候，<u>不是</u>乱用蓝、绿等冷色，把人家冷得缩成一团；<u>就是</u>滥涂红、黄等暖色，弄得人家血压升高，脉搏加快，神情紧张，把顾客全吓跑了呢！

（3）<u>是</u>有序好，<u>还是</u>无序好？

增强类连接词主要包括表达时间、地点、方式、因果或条件等意义的连接词，如下述各例所示：

（1）这个说法以前只是一种推论，<u>现在</u>有了比较充分的实验证据。

（2）咱们去闯北京吧，<u>那里</u>才是艺人的天堂。

（3）不要把弓拉得太满，<u>那样</u>容易断掉的。

（4）比目鱼总是平躺在海底，<u>因此</u>两只眼睛都长在一侧。

（5）我们得赶快出去，<u>否则</u>别人也要进来就没办法了。

综上所述，连接词的分类可用下表概括：

表2-2 连接词

| 连接词 | | 举例 |
|---|---|---|
| 阐述类 | 表重述 | "也就是说"、"也可以说"、"换言之"、"换句话说" |
| | 表解释 | "即" |
| | 表评论 | "这"、"那" |
| | 表例示 | "例如"、"如"、"举个例子（说）" |
| 延展类 | 表增加 | "另外"、"此外"、"加之"、"并"、"且"、"而且"、"并且"、"不仅……还……" |
| | 表承接 | "接着"、"然后"、"后来"、"随后" |
| | 表对照 | "要……不要……"、"是……不是……"、"不是……而是……"、"不要……而要……"、"宁肯……也不……"、"与其……不如……" |
| | 表选择 | "或者……或者……"、"不是……就是……"、"是……还是……" |

（待续）

（续表）

| 连接词 | | 举例 |
|---|---|---|
| 增强类 | 表时间 | "现在"、"那时" |
| | 表地点 | "那里"、"那儿" |
| | 表方式 | "那样"、"这样" |
| | 表因果 | "因此"、"因而" |
| | 表条件 | "不然"、"否则"、"这样" |

此外，根据连接词的数量，连接词可分为以下三类：

1. 单独使用的连接词，此类连接词主要包括"并"、"且"、"而"、"而且"、"并且"、"接着"、"然后"、"又"、"还"、"更"、"甚至"、"这就是说"等，如下述各例所示：

（1）市政府顾问王立吉参加了现场办公会，<u>并</u>就搞好当前蔬菜供应提出了具体要求。

（2）18名队员均是职业球员，<u>且</u>有五名参加过墨西哥世界杯大赛。

（3）建设一个城市要有凝聚力，<u>而</u>在共同理想、共同信念基础上的共同劳动最能形成强大的凝聚力。

（4）城市职工"自留地"一般不占用农田，<u>而且</u>不得进行转卖。

（5）由于自己养活自己的理想实现了，她的心情逐渐安静下来，<u>并且</u>对教书生活和孩子们也渐渐发生了兴趣。

（6）<u>接着</u>，他向我介绍了去年以来出版和再版的一些书籍。

（7）<u>然后</u>，双方概述可以取得一致的原则和可以合作的领域。

（8）姑娘深情地看了占山一眼，<u>又</u>低下了头。

（9）大会通过了《上海市出版工作者协会章程》，<u>还</u>选举了马飞海、宋原放等五十四人为理事。

（10）数百个摊位出售各种食品及纪念品，<u>更</u>增添了节日欢乐气氛。

（11）学生丰富多彩的科技、文体活动不见了，<u>甚至</u>音乐、美术等课程也被砍掉了。

（12）"业精于勤"，<u>这就是说</u>，学业方面的精深造诣来源于勤奋好学。

2. 成对出现的连接词, 其中一个连接词的出现暗示另一个连接词的配合。此类连接词主要包括"既……又……"、"既……也……"、"又……又……"、"也……也……"、"一边……一边……"、"一面……一面……"、"一方面……另一方面……"、"一则……二则……"、"不是……而是……"、"不但……而且……"、"不仅……更……"、"或者……或者……"、"是……还是……"、"不是……就是……"、"要么……要么……"、"与其……不如……"、"越……越……"等, 如下述各例所示:

(1) 这样<u>既</u>节省了时间和燃料, <u>又</u>减少了城市污染、噪音和交通事故。

(2) 它<u>既</u>适合于金属、玻璃、陶瓷、塑料、硬质橡胶、木材等多种材料的粘接, <u>也</u>可广泛用于彩电、仪器仪表、电机、汽车、机械、刀具、化工等各行业的设备装配和维修。

(3) 一年来, 我国数千万残疾人的工作、学习、生活条件<u>又</u>有了新的提高, 整个残疾人事业<u>又</u>有了新的发展。

(4) 其实, 动能和势能互相转化<u>也</u>不是随意的, <u>也</u>需要一定的条件。

(5) 他<u>一边</u>抱怨物价太贵, <u>一边</u>不满本厂的产品价低。

(6) 我们决不能<u>一面</u>在进行调整, <u>一面</u>又在制造新的调整课题。

(7) 在农村, <u>一方面</u>缺乏建设资金, <u>另一方面</u>大量闲散资金没有得到利用。

(8) <u>一则</u>这样解决了生活问题, <u>二则</u>也为结识上海的文人才士提供了机会。

(9) 这就使得学生<u>不是</u>在独立思考上花力气, <u>而是</u>靠死记硬背挣分数。

(10) 这种习惯<u>不但</u>不利于提高人们的营养水平, <u>而且</u>要受到种种约束。

(11) 这<u>不仅</u>要求作家具有丰富的生活经验和精湛的艺术修养, <u>更</u>要求他具有先进的思想观念和广阔的历史视野。

(12) 在这次经济调整中, 有些企业<u>或者</u>会全部停工, <u>或者</u>会半停工。

(13) 按照此论述, 我们<u>是</u>追求有序, <u>还是</u>追求无序?

(14) <u>不是</u>走访设计院, <u>就是</u>在办公室画图纸、下工地检查工程质量, 甚至连拌水泥的黄沙、石子配料都顾及到了。

（15）它要么被巨大的神性所湮灭，要么反过来吞噬神性。

（16）与其今后调整，不如当机立断，现在调整。

（17）"四人帮"越是起劲地反对周恩来，周恩来在人民心目中的地位越崇高。

3. 有时需要三个或三个以上的连接词搭配使用才能实现完整的连接功能，此类连接词主要包括"或者……或者……或者……"、"既不……也不……更不……"、"是……还是……还是……"等，如下述各例所示：

（1）它或者是封建性质，或者是资产阶级性质，或者是有浓厚封建残余的资产阶级政权。

（2）从外表上看，它既不像客机，也不像运输机，更不像战斗机。

（3）是吃荤还是吃素，还是什么都吃？

### 2.3.3 标点符号

标点符号是确定小句界限的另外一种标志。与粘合词和连接词不同的是，标点符号通常是小句的结束而非起始的标志。然而，也有些标点符号既可以标识小句的起始，也可以标识小句的结束。

根据标点符号对不同类型小句界限的判断，可将其总结为以下四点：

1. 句号、问号和感叹号可用来判断一个简单小句或复合小句的界限。确切地说，句号、问号和感叹号是简单小句或复合小句的结束标志，如下述各例所示：

（1）名列第二、第三的是辽宁张晓东和上海刘正宏。

（2）一方脚法细腻，颇有拉丁派风格；一方大刀阔斧，一展英式硬朗踢法。

（3）为什么选九月二十七日呢？

（4）工厂现有托儿所床位已满，这些将要诞生的婴儿能够入托吗？

（5）在场的观众必然会有自己的正确判断！

（6）《在太行山上》是多么优美、舒畅；《黄河颂》又是多么浑厚、深远！

33

2. 逗号、破折号和括号可用来标识嵌入在简单小句中的小句。其中，第一个逗号、破折号或括号是嵌入句的起始标志，第二个逗号、破折号或括号是嵌入句的结束标志，如下述各例所示：

（1）能够辨清自己的需要，即知道自己真正想要什么，是一个重要的心理成就。

（2）列宁的一句名言——只有用人类创造的全部知识财富来丰富自己的头脑，才能成为共产主义者——最有力地说明了这一点。

（3）人均年用水量600吨（1985年为520吨），采用节水型生产、生活体系。

3. 逗号和分号常用来标识复合小句内各个并列关系小句的界限，偶尔也会用冒号。在这种情况下，逗号、分号和冒号多是并列关系小句的结束标志。此外，这些标点符号也有可能与连接词共同标识复合小句中的界限，如下述各例所示：

（1）人民银行是中央银行，是政策性银行，是领导和管理各专业银行的。

（2）不准在消费者头上打主意；不准转嫁亏损；不准随意提级提价，压级压价；不准弄虚作假，搞假盈真亏；不准突破奖金限额。

（3）爱尔兰队教头查尔顿指责埃及队浪费时间，只想求和：埃及队的打法令人沮丧，足球是讲究进球的，埃及队则没有。

（4）这种情形，不仅表现在经济上有大、中、小资本之别；而且表现在政治上和思想上有开明和顽固之分。

4. 单引号和双引号也可以标识小句的起始。其中，单引号和双引号的前半部分标识小句的开始，而后半部分则标识小句的结束。而且，单引号可以嵌入双引号内，与双引号同时使用，如下述各例所示：

（1）俗话说"十年铺子，人捧字号，百年铺子，字号捧人"。

（2）"这是心的呼唤，这是爱的奉献……"

（3）他说："这些损害是肉眼看不到的，但却是千真万确的事。"

（4）"我给这张照片的说明是：'朱总彭总相持不下，小平同志观棋不语'。"

## 2.4 小结

本章主要介绍了汉语小句的类型和界限标志。

就小句类型而言,根据主要过程的数量,汉语小句可以分为简单小句和复合小句。简单小句有且只有一个主要过程,而复合小句则包含两个或两个以上处于并列关系之中的主要过程。对于简单小句,根据有无嵌入现象,可以将其分为非嵌入式简单小句和嵌入式简单小句。其中,非嵌入式简单小句的句法结构最简单,嵌入式简单小句可根据不同的标准进行不同的划分:一个是基于嵌入句在上一级单位中充当的成分,嵌入式简单小句中的嵌入句有四种可能,即充当主语、谓体、状语或补语;另一个是根据嵌入的方式,嵌入式简单小句可再分为两种,即线性嵌入式简单小句和非线性嵌入式简单小句。对于复合小句,也有双重的分类标准:根据其中各个并列关系小句之间的语义关系,复合小句可进一步分为阐述型、延展型和增强型;根据有无嵌入现象,复合小句又可进一步分为非嵌入式复合小句和嵌入式复合小句。

就不同句型的界限而言,主要判断标志有三个:粘合词、连接词和标点符号。其中,粘合词有两种分类方法。第一种是,根据粘合词引导的小句在上一级单位中所充当的成分分为三种情况,即分别充当状语、补语或主语——当粘合词引导的小句充当状语成分时,可表达一定的时间意义和逻辑关系(如原因、目的、结果、让步、条件、比较等);当充当补语或主语成分时,可表达可能的选择性或在其引导的小句中充当状语或主语等成分。第二种是,根据粘合词的数量,粘合词可分为单独使用的粘合词和成对出现的粘合词。对于连接词,根据不同的标准,可对其进行不同的分类:根据连接词在复合小句中的语义功能,可将连接词分为阐述类连接词、延展类连接词和增强类连接词——阐述类连接词包括表达重述、解释、评论或例示等意义的连接词,延展类连接词包括表达增加、承接、对照或选择等意义的连接词,增强类连接词包括表达时间、地点、方式、因果或条件等意义的连接词;根据连接词的数量,连接词又可分为单独使用的连接词、成对出现的连接词以及三个或三个以上搭配使用的连接词。

## 练　习

1.请根据例句判断下列小句的类型。

例：（S）大家都清楚。

（C）我不是不信，我是学不了。

（S代表简单小句，C代表复合小句）

（1）（　）明天下午，"强民之友"足球队将在荔湾体育场首战广州工人队。

（2）（　）为了控制古巴，苏联是不惜工本的。

（3）（　）目前，这个厂不仅与外贸部门联营，而且积极发展同农村联营。

（4）（　）他说，你这病不要紧，只要安心静养。

（5）（　）我们不仅要看到农业生产的大好形势，还要看到我省农业潜伏着的问题。

（6）（　）只有最大限度地争取和团结一切可以团结的人，才能真正孤立、揭露和打击极少数坏人。

2.请根据例句找出下列小句中的连接词或粘合词。

例：（B）<u>由于</u>郊区干部群众冒严寒，抓生产，在寒流期间保证了供菜。

（L）中国<u>既</u>不搞完全的计划经济，<u>也</u>不搞完全的市场经济。

（B代表粘合词，L代表连接词）

（1）（　）鉴于淮河上游未来雨势趋于减小，会议决定6月15日8时王家坝开闸分洪。

（2）（　）一来可以反映出六位编辑的不同性格，二来可以告诉人们谣言的危害。

（3）（　）为了提高操作水平，小吴每天提前半小时上班，回家天天攻读日语、英语。

（4）（　）学生的智力既包括知识，也包括独立思考、独立工作和创造发明的能力。

（5）（　）毛泽东同志说："中国革命的全部结果是：一方面有资本主义

因素的发展，又一方面有社会主义因素的发展。"

（6）（　）是恭恭敬敬拜群众为师，把自己放在小学生的位置上；还是认为自己是报社来的，见的世面大，自命不凡，钦差大臣满天飞。

3. 请根据例句找出下列小句中的连接词和粘合词。

**例**：此等国家之通货至一九二五年都渐渐地，或者由于法律，或者由于自然的，趋于安定了。

（用＿＿标出连接词，用﹏﹏标出粘合词）

（1）为了防止偷窃和便于相互照顾，一般做法是十几户自留地集中于一处，平时也可雇请一二位老人代为看管。

（2）另一方面，也有些研究工作者以为只要说明了基础，就可以不去具体地研究上层建筑的问题。

（3）这不仅因为冯德麟拥有武力，怕"打下去没有把握"，或两败俱伤；而且因为冯德麟是老亲日派，怕与冯开仗引起日本干涉。

（4）为了坚持这种一致性，毛泽东要求各级领导者既要领会党的路线、方针和政策以及上级指示的精神实质，又要倾听群众的呼声，创造性地把上级指示和群众的实际情况结合起来贯彻执行。

（5）澳大利亚悉尼歌舞剧院，人们更把它誉为一首正在演奏着的交响乐曲，这既因为她本身是为音乐、歌舞而建造的，也因为她那白色的贝壳似的建筑，在大海碧波的辉映下显得格外奇丽。

（6）这不仅由于建行长期以来管理着国家固定资产投资拨款和贷款，积累了丰富的项目管理经验，而且在于建设银行有遍布全国的分支机构，具有聚集、分配和调节全社会固定资产投资的信用功能，并且是投资领域里的结构中心。

# 第三章
# 小句的成分与功能

## 3.1　引言

　　小句是一个基本句法单位。在意义层上，它与"情景"相对应；在概念层上，它与"事件"相对应[1]。

　　从句法结构上来说，小句的主要成分包括谓体、谓体延长成分、助动词、不定式成分、否定词、操作词、主语、"让"成分、补语、状语、语气词以及其他成分，如连接词、粘合词、呼语、起始语和结束语。

　　从句法功能上来说，小句可以填充不同的语法单位。一个小句可以填充一个句子，也可以填充小句中的补语、状语、主语、谓体等，还可以填充名词词组中的前修饰语和中心词、性质词组中的完成语、介词短语中的介补语等。

## 3.2　小句的成分

　　如上所述，一个汉语小句中，常见的成分包括谓体、谓体延长成分、助动词、不定式成分、否定词、操作词、主语、"让"成分、补语、状语、语气词；此外，还有连接词、粘合词、呼语、起始语和结束语。

### 3.2.1　谓体

　　谓体表达过程意义，是小句中最核心的组成成分，表达"动作、行为、存在、变化或意愿"[2]。关于谓体，最重要的一条原则是：一个小句中有且只有一个谓体。因而，谓体是识别小句的重要标志，如图3-1所示：

---

1 参见黄国文（2008）。
2 引自马真（1997：24）。

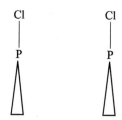

我爱邻居的孩子，我爱天下的百姓。
图3-1  小句中的谓体

汉语中，谓体既可以由形式项直接说明，也可以由其他语法单位来填充。

能直接说明谓体的形式项主要是指不同类别的动词。

1. 行为动词直接说明谓体，这类动词有"坐"、"走"、"看"、"打"、"拿"、"批评"、"学习"等，如下述各例所示（分析方法参见图3-2）：

（1）你<u>坐</u>。

（2）我<u>走</u>了。

（3）<u>看</u>电视吗？

（4）我<u>打</u>你。

（5）谁<u>拿</u>了？

（6）学校<u>批评</u>他了。

（7）<u>学习</u>书法。

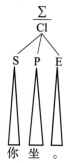

图3-2  谓体由行为动词直接说明

2. 心理活动动词直接说明谓体，这类动词主要包括"爱"、"恨"、"怕"、"想"、"要"、"喜欢"、"厌恶"、"害怕"、"想念"等，如下述各例所示（分析方法参见图3-3）：

（1）我<u>爱</u>你。

（2）我<u>恨</u>你。

（3）我<u>怕</u>狗。

（4）我们好<u>想</u>你。

（5）我<u>要</u>洗澡更衣。

（6）你<u>喜欢</u>苹果吗？

（7）西方人<u>厌恶</u>"13"这个数字。

（8）犯法的人<u>害怕</u>他。

（9）我会<u>想念</u>她的。

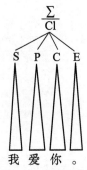

图3-3　谓体由心理活动动词直接说明

3. 状态（存在、变化、消失）动词直接说明谓体，这类动词主要包括"在"、"有"、"存在"、"出现"、"失去"、"消失"等，如下述各例所示（分析方法参见图3-4）：

（1）我<u>在</u>学校。

（2）我<u>有</u>一个儿子。

（3）为什么会<u>存在</u>这种差别？

（4）矛盾<u>出现</u>了。

（5）生活<u>失去</u>了依靠。

（6）一切都<u>消失</u>了。

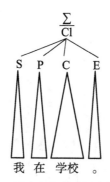

图3-4 谓体由状态动词直接说明

4. 趋向动词直接说明谓体，这类动词主要包括"上"、"下"、"进"、"出"、"去"、"起"、"来"等，如下述各例所示（分析方法参见图3-5）：

（1）胡，你<u>上</u>!

（2）你<u>下来</u>!

（3）请<u>进</u>!

（4）别<u>出去</u>!

（5）让谁<u>去</u>?

（6）啊，你<u>来</u>了。

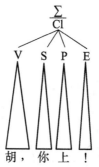

图3-5 谓体由趋向动词直接说明

5. 表达判断、存在、所有或确认意义的动词"是"直接说明谓体，如下述各例所示（分析方法参见图3-6）：

（1）我<u>是</u>学生。

（2）或许，他<u>是</u>对的。

（3）它<u>是</u>一种风情，一种韵律，一种时尚，一种享受。

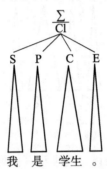

图3-6　谓体由判断动词"是"直接说明

当谓体由语法单位来填充时，既可以由词组来填充，也可以由小句来填充。

谓体由小句填充，构成所谓的"主谓谓语句"。根据大主语和小主语的关系，主谓谓语句又可分为表示领属关系和表示受事性/关涉性两类。

1. 表示领属关系的主谓谓语句，如下述各例所示（分析方法参见图3-7）：

（1）她<u>性格开朗</u>。

（2）昆明<u>四季如春</u>。

（3）金老爷子<u>身体好</u>吗？

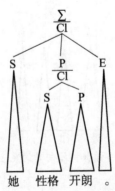

图3-7　谓体由领属关系类小句填充

2. 表示受事性/关涉性的主谓谓语句，如下述各例所示（分析方法参见图3-8）：

（1）她待人热情。

（2）她做事认真。

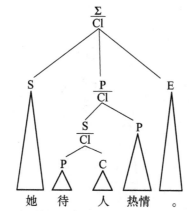

图3-8 谓体由受事性／关涉性小句填充

谓体也可由词组/短语填充，主要包括名词词组、性质词组和数量词组。

1. 谓体由名词词组填充，特别是由表达天气、节日、日期、籍贯或有数量限定词的名词词组填充，如下述各例所示（分析方法参见图3-9）：

（1）今天晴天。

（2）今天情人节。

（3）今天星期二。

（4）我上海人。

（5）我五十岁。

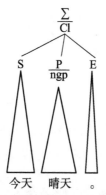

图3-9 谓体由名词词组填充

2. 谓体由性质词组填充，如下述各例所示（分析方法参见图3-10）：

（1）天气<u>很冷</u>。

（2）她<u>很美</u>，<u>很成熟</u>。

（3）你的行为<u>很英勇</u>。

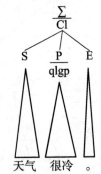

图3-10　谓体由性质词组填充

3. 谓体由数量词组填充，如下述各例所示（分析方法参见图3-11）：

（1）煤的种类<u>很多</u>。

（2）人数<u>多于147</u>。

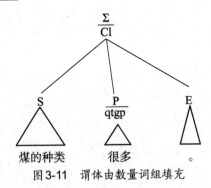

图3-11　谓体由数量词组填充

### 3.2.2　谓体延长成分

谓体延长成分是对谓体的延伸和补充，用来帮助谓体完成过程意义的表达。谓体延长成分既可以由形式项直接说明，也可以由其他单位填充。

可以直接说明谓体延长成分的形式项主要包括"下"、"上"、"进"、"出"、"过"、"去"、"进去"、"出来"、"过来"等，如下述各例所示（分析方法参见图3-12）：

（1）皮埃尔跑<u>下</u>山岗。

（2）她轻捷地跳<u>上</u>座位，伸臂去拎，可是拎不动。

（3）比如，前一个镜头是实景，一个人走<u>进</u>一座大厦。

（4）从里面走<u>出</u>一位约摸七十多岁的老人。

（5）跨<u>过</u>伯罗奔尼撒原野，跨<u>过</u>历史的沟壑峰峦。

（6）你出<u>去</u>。

（7）我走<u>进去</u>，给妈妈打气。

（8）你没看<u>出来</u>?

（9）他走<u>过来</u>了。

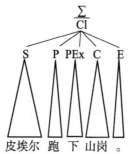

图3-12 谓体延长成分由形式项直接说明

可以填充谓体延长成分的单位包括名词词组、性质词组和介词短语。

1. 谓体延长成分由名词词组填充，如下述各例所示（分析方法参见图3-13）：

（1）我上过<u>当</u>。

（2）作曲家也只是需要熟悉生活与音响材料，来同它们打<u>交道</u>。

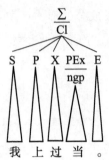

图 3-13　谓体延长成分由名词词组填充

2. 谓体延长成分由性质词组填充，如下述各例所示（分析方法参见图 3-14）：

（1）你把话说<u>清楚</u>。

（2）我至今还没想<u>明白</u>。

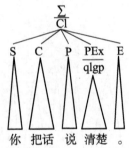

图 3-14　谓体延长成分由性质词组填充

3. 谓体延长成分由介词短语填充，如下述各例所示（分析方法参见图 3-15）：

（1）他看<u>在眼里</u>。

（2）临退伍的前一天，他还手握冲锋枪站<u>在哨位上</u>。

可以看出一个过程可由以下四种方式体现：

1. 过程由谓体本身体现，如下述各例所示：

（1）我更<u>喜欢</u>一些女性设计师的作品。

（2）天津队明天和后天的对手分别<u>是</u>安徽队和北京队。

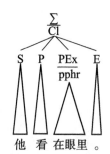

**图3-15 谓体延长成分由介词短语填充**

2.过程由谓体和谓体延长成分体现，如下述各例所示：

（1）说完，她就<u>走进</u>自己的卧室。

（2）那段时间，我正<u>谈恋爱</u>呢，没时间学习。

3.过程由谓体和介谓体（该介谓体是填充补语的介词短语中的介谓体）体现，如下述各例所示：

（1）所里对她很器重，把她<u>提拔为</u>中层干部。

（2）他先后被<u>评为</u>世界"十佳"、亚洲"十佳"和全国"十佳"运动员。

4.过程由谓体、谓体延长成分和介谓体体现，如下述各例所示：

（1）我能一面<u>和</u>客户<u>打电话</u>，一面和你打电话吗？

（2）我要事先<u>对</u>你<u>说清楚</u>。

### 3.2.3 助动词

与谓体不同，助动词是小句中的可选成分。现代汉语中，助动词常用来表达与时间相关的意义。

1.表达与现在时间相关的助动词，主要有"着"、"在"、"正"、"正在"等，如下述各例所示（分析方法参见图3-16）：

（1）吃<u>着</u>热乎乎的饺子。

（2）我<u>在</u>吃饭。

（3）我<u>正</u>高兴呢。

（4）我<u>正在</u>抄笔记。

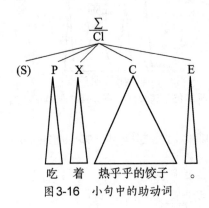

图3-16　小句中的助动词

2. 表达与过去时间相关的助动词，主要有"了"、"过"等，如下述各例所示：

（1）我吃<u>了</u>。

（2）你在那里吃<u>过</u>饭吗？

3. 表达与将来时间相关的助动词，主要有"要"、"会"、"将"、"即将"等，如下述各例所示：

（1）我<u>要</u>发财了。

（2）我<u>会</u>离开你的。

（3）我<u>将</u>回到中国工作。

（4）火山<u>即将</u>爆发。

4. 其他与时间相关的助动词还包括"下来"、"下去"、"起来"、"来着"[1]等，如下述各例所示：

（1）一番话听<u>下来</u>，代表们既满意，又担心。

---

1 参见龚千炎（1995）。

（2）他想听<u>下去</u>。

（3）弟弟天真地唱<u>起来</u>。

（4）过去你在农村吃什么<u>来着</u>?

### 3.2.4　不定式成分

不定式成分常用来引导小句，与其共同表达一定的目的、对象、用途等意义。不定式成分由形式项直接说明，主要包括"于"、"以"、"来"、"以便"、"用来"等，如下述各例所示（分析方法参见图3-17）：

（1）这有利<u>于</u>公平竞争。

（2）发达国家非常注重售后服务，<u>以</u>保护消费者利益。

（3）我们要在这次战争里一同经受考验，<u>来</u>证明我们的志向和勇气。

（4）我必须想办法先挣点钱，<u>以便</u>能够在北京待下去。

（5）最近美国还专门发射一颗人造卫星，<u>用来</u>检测大气中的臭氧变化。

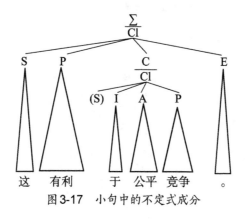

**图3-17　小句中的不定式成分**

不定式成分在小句中的位置比较灵活。

1. 不定式成分可以出现在小句的状语成分中，如下述各例所示：

（1）一是通过促进经济和社会发展，<u>来</u>解决就业问题。

（2）科研人员正在加紧研制交互式电视机和电视电话，<u>以</u>解决这个问题。

2. 不定式成分也可以出现在小句的补语成分中，如下述各例所示：

（1）这有害于公平竞争。

（2）她们也是来报考电影学院的。

### 3.2.5　否定词

否定词用来表达否定的意义，由形式项直接说明。现代汉语中，常用的否定词包括"不"、"没/没有"、"否"、"莫"、"别"、"勿"、"甭"、"未"等，如下述各例所示（分析方法参见图3-18）：

（1）我不做事。

（2）从此，他就再也没有离开过这片蔚蓝的大海。

（3）伤员情况如何，到医院后能否及时得到抢救？

（4）潘行义："大人的事，小孩子家莫问。"

（5）我弟弟常说我："你要怕发胖，什么都别吃。"

（6）勿失良机。

（7）这活完不了，甭想在屋里找着他。

（8）很多问题尚未解决。

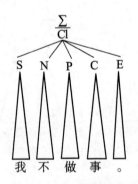

图3-18　小句中的否定词

另外，诸如"从不"、"绝不"等并不属于否定词，而是状语，表达事件发生的频率，如下述各例所示：

（1）树德平时不爱说话，内心的感情从不轻易流露。

（2）当然，强调共同理想绝不可以忽视甚至放弃最高理想。

否定词既可以在谓体前，也可以在谓体后，如下述各例所示：

（1）我<u>没</u>说话。

（2）我听<u>不</u>清楚。

### 3.2.6 操作词

操作词的功能是用来表达一定的人际意义、情态意义和极性意义。

现代汉语中的操作词[1]，根据其功能可分为以下六类[2]。

1. "可能类"操作词是现代汉语中最常见的一类操作词，常用来表达一定的可能性。这类助动词主要包括"可能"、"很可能"、"能"、"会"、"要"等，如下述各例所示（分析方法参见图3-19）：

（1）她<u>可能</u>不知道。

（2）步入社会后，真正事业上成功的<u>很可能</u>不是他们。

（3）现场的很多事物<u>能</u>引起记者的联想，从中发现问题，捕捉话题。

（4）他<u>会</u>来。

（5）后备干部的人数<u>要</u>保持常数。

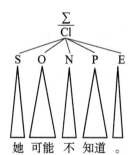

图3-19 小句中的"可能类"操作词

2. "意愿类"操作词可表达一定的意愿性，主要包括"情愿"、"愿意"、"愿"等，如下述各例所示：

---

1 现代汉语中，有操作词与助动词重合的现象，标记为O/X；对操作词和助动词的判断，要具体情况具体分析。

2 参见周有斌（2010）。

（1）两条路她都不<u>情愿</u>走，两条路也都走不通哇。

（2）许多人都<u>愿意</u>留在大城市工作，这是办不到的事。

（3）由于三个儿子不<u>愿</u>赡养母亲，林老太太生活十分凄凉，被逼得几次想自杀。

3."必要类"操作词可表达一定的必须性，主要包括"应"、"该"、"应该"、"应当"、"必须"、"要"、"得"等，如下述各例所示：

（1）首先，在人才培养上，一专多能<u>应</u>成为人才培养的主要目标。

（2）医务人员工作时间不<u>该</u>吸烟。

（3）他们<u>应该</u>受到人民的尊敬，<u>应该</u>有个美满的婚姻。

（4）教育的功能<u>应当</u>是多方面的。

（5）选拔后备干部<u>必须</u>坚持德才兼备的标准。

（6）决策人员<u>要</u>具有排除事物假象、认识事物本质的能力。

（7）学思兄，<u>得</u>努力赶上去才成。

4."能力类"操作词主要包括"会"、"能"、"能够"、"可"、"可以"等，如下述各例所示：

（1）普拉蒂尼很<u>会</u>做生意。

（2）难道我们不<u>能</u>开辟一个新的环境么？

（3）真正的文学和艺术，谁<u>能够</u>把爱情从人们的社会生活、政治生活和经济生活中硬抠出来呢？

（4）读史使人明智，在历史的长河中，不少杰出的领导者通过研究历史，从对以往事件的追踪中，去捕寻<u>可</u>供他们所处时代借鉴的东西。

（5）但是冬泳时的关节痛又是<u>可以</u>克服的。

5."是类"操作词表达极性强调[1]，如下述各例所示：

（1）那姑娘<u>是</u>好啊。

（2）这话<u>是</u>不错。

---

1 参见何伟、滑雪（2013）。

6. 此外，还有"敢类"操作词，如下述各例所示：

（1）你<u>敢</u>打！

（2）我<u>敢</u>保证。

操作词可以单独使用，如上述各个例句所示；也可以连用，如下述各例所示：

（1）听了这个故事，你<u>可能会</u>产生疑问："雁真的能够传递信件、充当信使吗？"

（2）他若知道姐姐正在楼上一扇窗里最后一次看他，他<u>会情愿</u>在那里站一辈子，永不离开。

（3）老迈按了按那位乘客的肩膀："您<u>要愿意</u>，您还是坐着。"

（4）可惜我是常人，修养差，经过多次学习、运动，还<u>愿意能够</u>保留个"自己"。

（5）她不是一个脆弱的女孩子，我<u>该可以</u>让她一个人去出闯闯了。

（6）我的朋友都是上了年纪的了，他们自身的感受，<u>应该可以</u>让我得出明确的答案。

（7）"我<u>得要</u>有些生火的东西才行，"大汉自言自语。

（8）将来的一天请你们每个人共进晚餐，但是如果让我难堪的话你们<u>可得</u>自己埋单。

此外，现代汉语中的操作词都具有表达成"X不X"形式的潜能，该形式整体分析为操作词，如下述各例所示（分析方法参见图3-20）：

（1）你<u>愿不愿意</u>去？

（2）你<u>能不能</u>做出最好的鞋子？

（3）我们<u>应不应该</u>向他还击？

（4）你<u>会不会</u>怕？

（5）你<u>是不是</u>很得意？

（6）你<u>敢不敢</u>去？

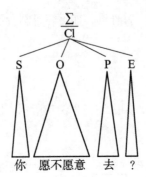

图 3-20 小句中的"X不X"操作词

### 3.2.7 主语

主语是谓体的陈述对象，因而是过程要求出现的重要的参与者角色。主语常用来表达一定的"人"、"物"、"情形"等，如下述各例所示：

（1）在我看来，<u>我们</u>是一生的朋友。

（2）<u>太阳</u>是一个体积庞大而炽热的气体星球。

（3）但一种直觉在告诉他，他不能再这么站在门口，<u>偷听领导的会议本身</u>就是一种严重违反纪律的恶劣行为。

主语既可以由小句填充，也可以由词组/短语填充。

1.主语由小句填充，如下述各例所示（分析方法参见图3-21）：

（1）<u>吃饭</u>是个大问题。

（2）<u>喝酒</u>要有节制。

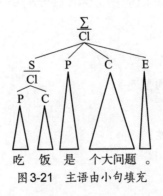

图 3-21 主语由小句填充

2. 主语由名词词组填充，表达人、物、时间、地点，如下述各例所示（分析方法参见图3-22）：

（1）中索两国人民有着浓厚的传统友谊。

（2）地球是围绕太阳旋转的八大行星之一，它是离太阳不太远也不太近的第三个行星。

（3）最大的挑战来自中国乒乓球选手自身。

（4）今天是你的生日。

（5）二十岁是人生最美妙的时光。

（6）台下不远处有两门大炮。

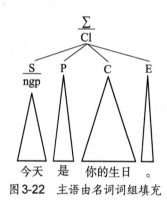

图 3-22　主语由名词词组填充

3. 主语由性质词组填充，如下述各例所示（分析方法参见图3-23）：

（1）漂亮是一个昂贵的累赘。

（2）"虚心使人进步，骄傲使人落后"，这是一条客观法则。

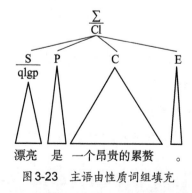

图 3-23　主语由性质词组填充

4. 主语由数量词组填充，如下述各例所示（分析方法参见图3-24）：

（1）<u>其中很多</u>是警察。

（2）<u>相当一部分</u>成为名牌产品。

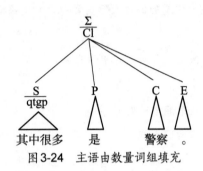

图 3-24　主语由数量词组填充

5. 主语由介词短语填充，如下述各例所示（分析方法参见图3-25）：

（1）<u>在北京</u>有个卖中国字画最便宜的官园市场。

（2）<u>在2000年欧锦赛期间</u>有多达几百名英格兰足球流氓闹事。

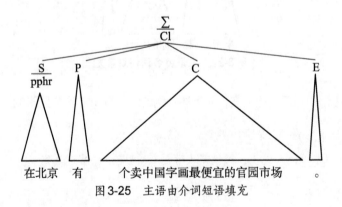

图 3-25　主语由介词短语填充

6. 主语由字符串填充，如下述各例所示（分析方法参见图3-26）：

（1）<u>叶先生</u>喜欢热闹。

（2）<u>隆安县</u>是一个贫困县。

（3）<u>十月一日</u>是伟大社会主义祖国的生日。

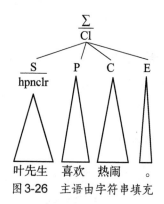

图 3-26　主语由字符串填充

　　主语通常位于谓体之前，这在"信息给予句"（information giver）或"信息寻求句"（information seeker）中有着明显的体现；与英语不同的是，汉语的"信息寻求句"不是通过主语和操作词交换位置实现，而是通过语调、句末语气词和标点符号实现的。如下述三例依次所示：

（1）<u>我</u>是江西省来上海进修的医生。

（2）<u>你</u>吃了<u>吗</u>?

（3）"<u>她</u>是你初恋时的朋友<u>?</u>"

　　主语既可以是显性的，如上述各例所示；也可以是隐性的，用（S）标记；有时根本就没有主语，也就是"无主句"，如下述各例所示：

（1）他走过来，（S）把手搭在她身上。

（2）下雨了。

　　对无主句的分析方法参见图3-27。

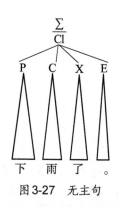

图 3-27　无主句

### 3.2.8 "让"成分

"让"成分在现代汉语中总是由"让"直接说明，它通常出现在主语的左边，如下述各例所示（分析方法参见图3-28）：

（1）让我走吧。

（2）让我们的收入不断增长。

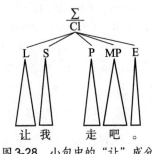

图3-28 小句中的"让"成分

### 3.2.9 补语

补语是除主语之外过程所要求的另一重要参与者角色，可以表达多种意义。

1. 补语可以表达一定的"情形"，由小句填充，如下述各例所示（分析方法参见图3-29）：

（1）我希望媒体不要给我太多压力。

（2）我认为伤疤是一个男人的荣誉徽章。

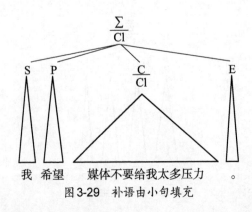

图3-29 补语由小句填充

2. 补语可以表达一定的"事物"（包括"人"），由名词词组填充，如下述各例所示（分析方法参见图3-30）：

（1）我爱<u>祖国的蓝天</u>。

（2）我讨厌<u>你</u>。

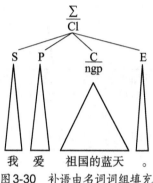

图3-30 补语由名词词组填充

3. 补语可以表达一定的"工具"、"地点"或"时间"意义，由介词短语填充，如下述各例所示（分析方法参见图3-31）：

（1）他<u>被人</u>利用了。

（2）那是<u>在选秀之前</u>。

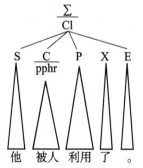

图3-31 补语由介词短语填充

4. 补语可以表达一定的"数量"意义，由数量词组填充，如下述各例所示（分析方法参见图3-32）：

（1）里海南部的盐含量高达<u>13‰</u>。

（2）国营经济成分只占<u>百分之十多一点</u>。

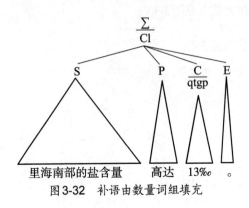

图3-32　补语由数量词组填充

5. 补语可以表达一定的人物、地点、日期、电话号码等，由字符串填充，如下述各例所示（分析方法参见图3-33）：

（1）第一届政协主席是<u>毛泽东</u>。

（2）这里是<u>西长安街</u>。

（3）上一次是<u>七月一日</u>。

（4）最高检察院的举报电话是<u>010–65252000</u>。

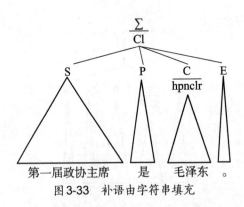

图3-33　补语由字符串填充

与主语相同，补语也可以是隐性的，在句法分析时用（C）来表示。例如，"告诉"的过程要求"某人告诉某人某事"，然而在例句"你应该早告诉我"中，"某事"并没有出现，因而是隐性的补语。

### 3.2.10 状语

状语并不是过程所要求的，因而在本质上是可选成分；但状语却为小句意义的完整表达提供了必要的信息。例如，"天津市各局联合举办的首届调换房大会将<u>于二十一日上午在河西区福建路</u>开始举行"，其中画线部分为状语，状语提供的信息可以说对小句意义的完整表达起着至关重要的作用。

至于状语的数量，一个小句中可以没有状语，也可以有一个、两个或更多的状语，如下述各例所示：

（1）盆地的四周一般有高原或山地围绕，中部是平原或丘陵。

（2）我<u>明天</u>叫我爸爸来帮您干活。

（3）<u>今天</u><u>在这里</u>，我要强调几句话。

状语的位置在小句中比较灵活——可以在小句句首、句中或句末，如下述各例所示：

（1）<u>明天</u>我们做萝卜丝包子！

（2）运动员们<u>在操场上</u>埋头苦练。

（3）据科学家证实，它现在仍在<u>慢慢地</u>长高。

（4）面目狰狞的蜘蛛十分不可爱，<u>尤其当它们出现在浴室天花板上的时候</u>。

现代汉语中，状语包括表达经验意义（环境成分）的状语、表达逻辑关系的状语和表达其他意义的状语。

1. 表达经验意义（环境成分）的状语包括表达时间（如时间点、时间段、重复性、周期性）、地点、方式、方法、工具、程度、陪同、状态、比较等意义的状语，如下述各例所示：

（1）我<u>明天</u>到办公室给你办。

（2）<u>这两天里</u>，连开了三次市长办公会。

（3）我去了<u>三次</u>。

（4）他也<u>每两天</u>参加一次出外征讨。

（5）<u>在北京</u>，人们明显感到绿意浓了，风沙轻了。

（6）他<u>慢慢地</u>向家中走去。

（7）中午时他<u>骑车</u>去了林间小屋。

（8）他<u>用刀</u>切了切菜。

（9）我<u>非常</u>喜欢这句充满哲理的对人生的回答。

（10）<u>和他</u>，我们沉湎在家庭的温情中，从不谈国家大事。

（11）<u>看到十几个朋友都在这里</u>，他也就在这里碰一碰运气。

（12）<u>较之《文通》</u>，《释词》更多地注重难解词语的训释。

2. 表达逻辑关系的状语包括表达原因、目的、让步、条件等意义的状语，如下述各例所示：

（1）<u>由于比以前更忙了</u>，我甚至没时间给家里打电话。

（2）昨天他还与夫人一起举行晚餐会，<u>为工党竞选筹款</u>。

（3）我尽可能多买些人物的肖像装饰画，<u>尽管不懂每个人物的意义</u>。

（4）<u>你只要答应去我们公司</u>，一个礼拜后就可以去公司上班了。

3. 表达其他意义的状语包括表达有效性、情感、人际、反问、观点、推论、言语方式、语篇等意义的状语，如下述各例所示：

（1）<u>也许</u>他们是对的。

（2）<u>不幸</u>，一天森林里突然燃起了熊熊大火。

（3）风雨过后，<u>请</u>在歌声里为我祝福。

（4）这就是你真正想知道的，<u>是吗</u>?

（5）<u>依我看</u>，更吸引他们的是莫高窟。

（6）我<u>甚至</u>没有想到这一点。

（7）<u>老实地说</u>，咱什么也不知道。

（8）<u>最终</u>，姚明选择了代言特殊奥林匹克运动。

总的来说，常用状语可参见下表：

表3-1 现代汉语中的常用状语

| 常用状语 | | | 举例 |
|---|---|---|---|
| 表达经验意义（环境成分） | 时间环境成分 | 时间点 | "明天"、"在……前/后" |
| | | 时间段 | "这两天里"、"从周一到周五" |
| | | 重复性 | "三次"、"六回" |
| | | 周期性 | "每两天"、"每周" |
| | 其他环境成分 | 地点 | "在北京"、"在学校" |
| | | 方式 | "慢慢地"、"悄悄地" |
| | | 方法 | "骑车"、"步行" |
| | | 工具 | "用刀"、"用枪" |
| | | 程度 | "非常"、"很"、"特别" |
| | | 陪同 | "和他"、"和大家" |
| | | 状态 | "想到这里，小陈毅然决然地接受了任务。" |
| | | 比较 | "较之"、"像"、"不像" |
| 表达逻辑关系 | | 原因 | "因为"、"由于" |
| | | 目的 | "为了" |
| | | 让步 | "尽管" |
| | | 条件 | "只要"、"除非"、"如果" |
| 表达其他意义 | | 有效性 | "也许"、"大概" |
| | | 情感 | "不幸"、"庆幸的是" |
| | | 人际 | "请" |
| | | 反问 | "飞得不顺利，是吗？" |
| | | 观点 | "依我看"、"在我看来" |
| | | 推论 | "甚至" |
| | | 言语方式 | "老实地说"、"确切地说"、"具体来说" |
| | | 语篇 | "最终"、"接着" |

有时，很难辨别一个成分到底是状语还是补语。在这种情况下，可以将该成分置于句首使其主位化，如果这样的表达听起来很自然，则该成分在小句中充当状语，反之则是补语。如下述各例所示：

（1）他明天就能上场参加与波兰队的比赛。（状语）

　　明天，他就能上场参加与波兰队的比赛。

（2）他住在北京。（补语）

　　*在北京，他住。[1]

---

1 *表示这样的表达在汉语句法中不存在。

状语可由不同的单位填充，包括小句、名词词组、性质词组、数量词组和介词短语。

1. 状语由小句填充，如下述各例所示（分析方法参见图3-34）：

（1）<u>看见场上一堆一堆的麦子</u>，心里真高兴。

（2）<u>为了节省开支</u>，我改掉了吃零食的习惯。

（3）<u>尽管我没有打球</u>，我还是很饿。

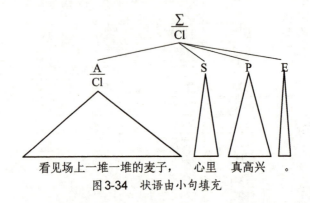

图3-34　状语由小句填充

2. 状语由名词词组填充，如下述各例所示（分析方法参见图3-35）：

（1）<u>明天</u>我们必须赢。

（2）<u>周末</u>，我可以在家读书阅报。

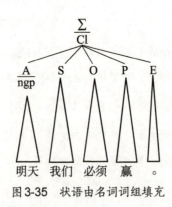

图3-35　状语由名词词组填充

3. 状语由性质词组填充，如下述各例所示（分析方法参见图3-36）：

（1）他<u>好奇地</u>问。

（2）她<u>飞快地</u>向家里跑去。

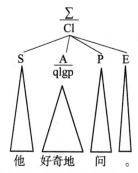

图3-36 状语由性质词组填充

4. 状语由数量词组填充，如下述各例所示（分析方法参见图3-37）：

（1）工厂里比较松<u>一些</u>。

（2）夜间无论怎样也比白天好受<u>一些</u>。

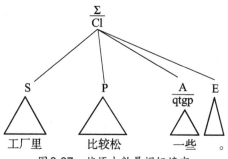

图3-37 状语由数量词组填充

5. 状语由介词短语填充，如下述各例所示（分析方法参见图3-38）：

（1）他<u>在图书馆</u>看书。

（2）我<u>在北京</u>很温暖。

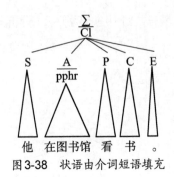

图3-38　状语由介词短语填充

### 3.2.11　语气词

现代汉语中，语气词主要用来表达小句的语气，也可以突出言语者的态度、评价、情感等。

根据语气词所表达的语气类型，可将其分为四类。

1. 语气词表达陈述语气，主要包括"的"、"了"、"吧"、"呢"、"啊"、"着"、"啦"、"呗"、"喽"、"也好"、"是……的"等，如下述各例所示（分析方法参见图3-39）：

（1）他知道<u>的</u>。

（2）我就算<u>了</u>。

（3）差三岁<u>吧</u>。

（4）这人在这儿<u>呢</u>。

（5）中午也回家<u>啊</u>。

（6）就这么<u>着</u>。

（7）那麻烦就大<u>啦</u>。

（8）跟着感觉走<u>呗</u>。

（9）种藕可真来钱<u>喽</u>。

（10）他这么解脱了<u>也好</u>。

（11）我<u>是</u>在中国出生<u>的</u>。

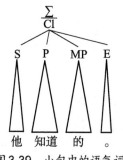

图 3-39　小句中的语气词

2. 语气词表达疑问语气，主要包括"吗"、"呢"、"吧"、"啊"，如下述各例所示：

（1）你吃了<u>吗</u>？

（2）这是怎么回事<u>呢</u>？

（3）你总可以接受了<u>吧</u>？

（4）是谁<u>啊</u>？

3. 语气词表达祈使语气，主要包括"吧"、"啊"、"了"等，如下述各例所示：

（1）下去<u>吧</u>！

（2）你快说<u>啊</u>！

（3）别提它<u>了</u>！

4. 语气词表达感叹语气，主要包括"啊"，如下述各例所示：

（1）真美<u>啊</u>！

（2）多么好<u>啊</u>！

语气词可以出现在句末，如上述各例所示；也可以出现在句中，如下述各例所示：

（1）他<u>啊</u>，他的事情我不清楚。

（2）假如她愿意<u>呢</u>，祥子没法拒绝。

（3）像刷牙<u>啊</u>、洗脸<u>啊</u>，日积月累也可以节约大量的水呢。

### 3.2.12 其他成分

小句中还可能出现其他成分，如连接词、粘合词、呼语、起始语和结束语等。

1. 连接词的功能是用来连接两个并列的小句（详情参考本书第二章），如下述各例所示（分析方法参见图3-40）：

（1）现在气象台<u>不仅</u>拥有地面天气图，<u>还有</u>高空天气图。

（2）这样可以节省一笔开支，<u>而且</u>有活时还能相互关照。

2. 粘合词的功能是将一个小句引入到更高一级的单位中，并充当其中的一个成分（详情参考本书第二章），如下述各例所示（分析方法参见图3-41）：

（1）<u>为了</u>节省开支，我改掉了吃零食的习惯。

（2）<u>由于</u>下雨，只得进皮鞋铺当学徒。

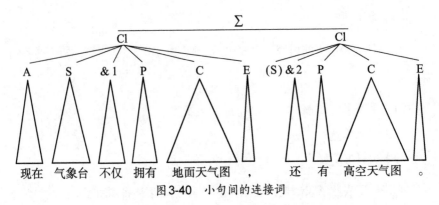

图3-40 小句间的连接词

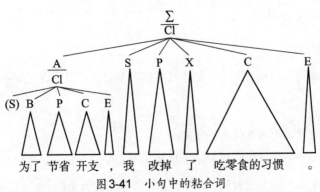

图3-41 小句中的粘合词

3. 呼语是说话者对所呼唤的人或事物的称呼，用以引起对方的注意等。呼语在小句中的位置比较灵活，如下述各例所示（分析方法参见图3-42）：

（1）<u>小李</u>，明天你有一个重要接待任务。

（2）怎么样，<u>小李</u>?

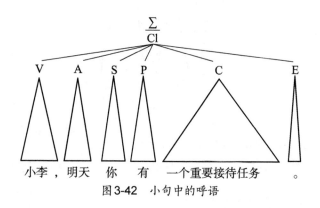

图3-42　小句中的呼语

4. 起始语和结束语的功能是用来标记文本的起始和结束。常见的起始语有冒号，常见的结束语有逗号、句号、问号、感叹号、分号等；起始语和结束语可以成对出现，如破折号、括号、单引号、双引号等。起始语用St表示，结束语用E表示，如下述各例所示：

（1）我拥有一个温馨的家<u>。</u>（E）

（2）这时我才敢去仔细打量这两个女孩<u>——</u>（St）刚才被混混围着，我也看不清<u>——</u>（E）她们虽然都很漂亮，但仔细看，个子高一点的那个显得更漂亮一些。

## 3.3  小句的功能

小句在不同的层面上可以填充不同的语法单位。

一个小句可以填充一个句子，如下述各例所示（分析方法参见图3-43）：

（1）<u>你幸福吗</u>?

（2）<u>我</u><u>是</u><u>一名</u><u>高中毕业生</u>。

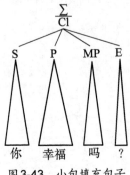

图3-43　小句填充句子

在小句层面，小句可以填充不同的成分。

1. 小句可以填充补语，如下述各例所示（分析方法参见图3-44）：

（1）你知道<u>为什么恶人先告状</u>？

（2）这就是<u>在审判中真正体现男女平等</u>的法律原则。

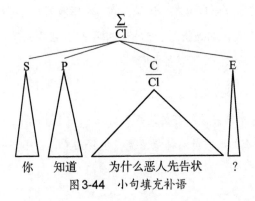

图3-44　小句填充补语

2. 小句可以填充状语，如下述各例所示（分析方法参见图3-45）：

（1）<u>为了能有更多的时间读书</u>，我推掉了一些不必要的应酬。

（2）<u>由于东方队已同意让我走</u>，剩下的就取决于中国篮协了。

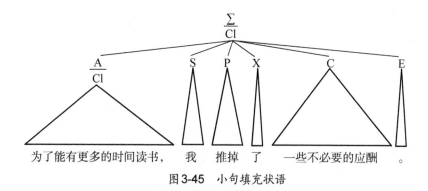

图 3-45 小句填充状语

3. 小句可以填充主语，如下述各例所示（分析方法参见图 3-46）：

（1）<u>能吃苦</u>是强者的一种特性。

（2）<u>努力工作</u>是她们成功的诀窍之一。

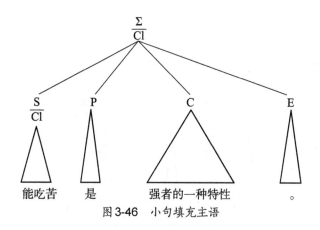

图 3-46 小句填充主语

4. 小句可以填充谓体，如下述各例所示（分析方法参见图 3-47）：

（1）他<u>待人厚道</u>。

（2）我们学校<u>学习条件可好了</u>[1]。

---

1 此例引自邵敬敏等（2009：150）。

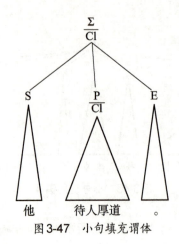

图 3-47　小句填充谓体

在词组层面，小句可以填充不同词组/短语中的不同成分。

1. 小句可以填充名词词组中的前修饰语和中心词[1]，如下述各例所示（分析方法参见图3-48）：

（1）我爱的人

（2）卖菜的

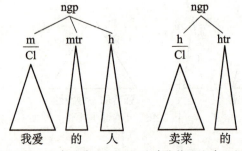

图 3-48　小句填充名词词组的前修饰语和中心词

2. 小句可以填充性质词组中的完成语，如下述各例所示（分析方法参见图 3-49）：

（1）太专心以至于忘了时间

（2）（伏尔泰的作品）如此通俗、（思想）如此深邃，以至于整个欧洲不

_____

1 名词词组的成分参见本书第四章。

得不倾听他的声音。

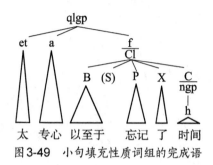

图 3-49　小句填充性质词组的完成语

3. 小句可以填充介词短语中的介补语，如下述各例所示（分析方法参见图 3-50）：

（1）为了吃饭

（2）通过参加交谊舞会

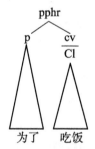

图 3-50　小句填充介词短语中的介补语

## 3.4　小结

本章主要介绍了小句的句法结构和句法功能。

小句的句法结构部分主要包括谓体、谓体延长成分、助动词、不定式成分、否定词、操作词、主语、"让"成分、补语、状语和语气词。此外，还有连接词、粘合词、呼语、起始语、结束语等其他成分（图 3-51 是对小句成分的汇总）。

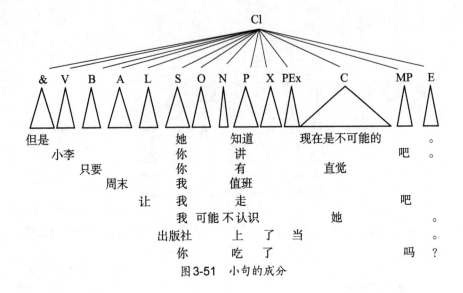

图 3-51　小句的成分

　　小句的句法功能体现在它可以填充不同的单位。一个小句可以单独填充一个句子；此外，在小句层面，小句可以填充补语、状语、主语、谓体；在词组层面，小句可以填充名词词组的前修饰语和中心词、性质词组中的完成语和介词短语中的介补语。


## 练　习

1. 请根据例子指出下列每个小句的谓体。

　　　例：我<u>喜欢</u>吃重庆火锅。

　　（1）我真羡慕小唐这两口子！

　　（2）他是教授，我是学生。

　　（3）明天周末，我们可以晚一点起嘛！

　　（4）参赛运动员年纪轻、成绩好。

　　（5）今天的报纸你看了吗？

　　（6）她身体弱，气力小。

2. 请根据例子指出下列每个小句当中画线部分的成分。

　　例：地球是<u>人类的立足之地</u>。（C）

　　（1）我相信<u>他的</u>态度十分清楚。（　　）

　　（2）你说<u>清楚</u>。（　　）

　　（3）因此，<u>在大树的周围</u>有许多丛生着的幼树。（　　）

　　（4）澳门的圣诞夜<u>比他们想象中的</u>更美更热闹。（　　）

　　（5）<u>当他去了美国之后</u>，我赢得了一个锦标赛冠军。（　　）

　　（6）<u>但是</u>，在浩瀚无垠的恒星世界里，太阳只是普通的一员。（　　）

3. 请根据例子分析下列各个画线小句的句法功能。

　　例：<u>喜欢一个人</u>是件痛苦的事。（S）

　　（1）1994 年，77 岁的他，<u>身体很好</u>。（　　）

　　（2）在中国，<u>夸耀自己</u>是件很恶劣的事。（　　）

　　（3）一直以来他认为<u>我是一个非常坚强非常自我的女孩</u>。（　　）

　　（4）<u>离开小酒馆</u>，我们在路上慢悠悠地走着。（　　）

　　（5）<u>我爱</u>的（　　）

　　（6）为了<u>方便吴琼的工作</u>（　　）

# 第四章

# 名词词组的成分和功能

## 4.1  引言

在现代汉语中，名词词组是一个句法单位，与意义层上的"事物"相对应。这里的"事物"是一个广义的概念，包括人、物质、现象、抽象概念等。

名词词组的主要成分包括中心词、前修饰语、限定词和后修饰语。在大多数情况下，名词词组会有一个中心词，中心词的前面经常出现前修饰语或限定词，中心词后跟后修饰语的情况则比较少见。名词词组的其他成分还包括选择语、具化语、触发语、列举语、连接词、起始语、结束语等。这些成分有的可由形式项直接说明，如选择语、连接词、起始语、结束语、触发语、列举语等；有的可由其他单位填充，如前修饰语、后修饰语、具化语等；有的则既可由形式项说明，也可由其他单位填充，如中心词、限定词等。

名词词组是一个功能非常强大的单位，可填充小句的主语、补语和状语，名词词组的中心词、前修饰语、后修饰语、指示限定词、具化语、数量限定词、序数限定词、比例限定词、类型限定词等成分。此外，名词词组还可填充性质词组中的程度调节词，数量词组中的范围完成语，介词词组中的介谓体调节词，介词短语中的介补语成分以及属格字符串中的拥有者。

## 4.2  名词词组的成分

### 4.2.1  中心词

中心词是名词词组的核心成分，是整个名词词组所要表达的中心内容。中心词可由代词、名词、兼类词、形容词说明，也可由名词词组、性质词组及小句填充。

#### 4.2.1.1 中心词由代词说明

代词是最为常见的、用来说明中心词的形式项。代词是具有代替或指代人、事物作用的词，通常分为三类：人称代词、指示代词和疑问代词。

1. 人称代词

人称代词用来指代人或事物，包含第一人称代词（如"我"、"咱"）、第二人称代词（如"你"、"您"）和第三人称代词（如"他"、"她"、"它"）。这三类人称代词有单复数之分，"们"是复数的标记。

另外，人称代词还有其他类型，如总称代词（如"大家"、"大伙"、"彼此"、"各位"）、反身代词（如"自己"、"自个儿"）、旁称代词（如"人家"、"别人"、"旁人"、"他人"）等。

2. 指示代词

指示代词用来指示人或物，分近指和远指两类。前者如"这"、"这些"、"这儿"、"这里"、"这样"等；后者如"那"、"那些"、"那儿"、"那里"、"那样"等。

3. 疑问代词

疑问代词是寻求信息的标志性词语，如"谁"、"什么"、"哪"、"哪儿"、"哪里"等。不过，疑问代词有时并不表示寻求信息，例如：

（1）这成绩不算<u>什么</u>。

（2）<u>谁</u>都不愿意接受这个任务。

（3）这句话似在<u>哪里</u>听过。

上述三个例子中的疑问代词都不表示疑问。例（1）中的"什么"表示否定意义；例（2）中的"谁"表示周边意义，相当于"任何人"；例（3）中的"哪里"是虚指，相当于"某个地方"。

当一个名词词组的中心词由代词说明时，该名词词组通常只含有中心词这一个成分，但有时也会包含其他成分。例如在"天真的她"中，中心词由代词"她"说明，中心词的前面还有前修饰语"天真"和前修饰语触发语"的"，见图4-1。

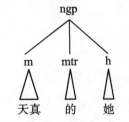

图4-1 由代词说明的中心词

此外，名词词组中存在两个代词并列出现的情况。在这类名词词组中，一般前面的代词是人称代词，后面的代词是指示代词或人称代词，如"我这里"、"他那里"、"我这边"、"她那边"、"我们大家"、"我们彼此"等。

人称代词与指示代词并列的情况要根据具体的语境来分析，例如：

（1）来瑞在我这里很好。

（2）我这里没有急事。

例（1）中，"在我这里"是个介词短语，其中"我这里"是介补语，具有明显的"处所"含义，故而，语义中心是"这里"，而"我"则是对"这里"的限定——"这里"是"我"的。图4-2清晰地说明了二者之间的句法关系。

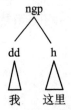

图4-2 人称代词限定指示代词

例（2）的"我这里"则有两种分析方法。一是参照例（1）的分析方法，"这里"是中心词，是"没有急事"的处所，"我"的句法功能是限定"这里"，相当于"我的这个地方没有急事"。另外，"我"也可以视作语义中心，是中心词，"这里"是"我"的后修饰语，不表示实际意义，相当于"我没有急事"，见图4-3。

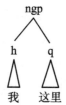

图4-3 指示代词修饰人称代词

人称代词与人称代词并列是一种同位结构，可以把第一个人称代词视为中心词，第二个人称代词视为后修饰语，如图4-4。

图4-4 人称代词与人称代词并列

#### 4.2.1.2 中心词由名词说明

名词（包括单纯词和合成词）说明中心词的情况也极为常见。名词表示事物，可以是具体的事物，如"水"、"空气"、"学生"、"骆驼"、"荔枝"、"大海"等，也可以是抽象的事物，如"思想"、"观念"、"风貌"、"职能"、"差异"等。此外，表示时间、方位、处所的名词也可用作中心词，如"今天"、"上周"、"去年"、"春天"、"现在"、"前方"、"后面"、"东"、"南"、"西"、"北"、"周围"、"西郊"等。

单纯词作为中心词可以独立构成一个名词词组，如"我第一次当老师"中的"老师"、"晚会颇为成功"中的"晚会"、"那上头也有狮子"中的"狮子"等；也可以和限定词、前修饰语等成分一起出现，如图4-5。

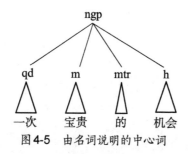

图4-5 由名词说明的中心词

合成词虽然由两个或两个以上语素构成，但在句法分析时，通常不需要拆开分析，如"鸡蛋"不需要进一步拆分成"鸡"和"蛋"。然而，在有的情况下，两个语素可能会构成一个合成词，也可能会构成一个名词词组。例如，"红花"指具体的药材时，是一个合成词，可以作为名词词组中的中心词，不需要拆开分析；当它表示"红色的花"时，则是一个名词词组，需要拆开分析，其中"花"是中心词，"红"是修饰语，见图4-6。

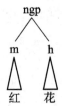

图4-6　"红花"作为名词词组的分析

专有名词也可以用作名词词组的中心词。专有名词所涵盖的内容比较广泛，包括人名、社会组织名称、作品名称、建筑物名称、日期、电话等（详见本书第九章）。常见的专有名词有八类：

1. 人名

这里的人名不仅仅指人的名字，也指宠物、动物的名字，在句法上被称为"人类专有名词字符串"。这类字符串包括姓氏、名字、头衔、资格等多个成分（详见本书第九章），如"植物学家王战教授"、"米歇尔上校"、"孙中山先生"等。

2. 公司名称

公司、企业的名称，如"海尔"、"联想"、"宝洁"等可以直接说明名词词组的中心词。但如果这类名称出现在地址中，则要按照地址字符串的分析方法（详见本书第九章）进行分析。

3. 社会组织名称

各种类型的社会组织，如"联合国教科文组织"、"联合国儿童基金会"、"维也纳爱乐乐团"等可以直接说明名词词组中的中心词。

4.作品名称

文学或艺术作品名称，包括书籍、期刊名称、电影、音乐名称、雕塑、绘画名称等可以作为形式项，直接说明中心词，如《战争与和平》《半月谈》《卧虎藏龙》《卡农》《大卫》《清明上河图》等。

5.建筑物名称

建筑物名称，如"巴黎圣母院"、"帝国大厦"、"白金汉宫"、"中华世纪坛"等可以直接说明名词词组的中心词。同样，如果这类名称出现在地址中，则要按照地址字符串的分析方法进行分析（具体分析见本书第九章）。

6.地址名称

地址名称，如"北京市海淀区学院路30号"，是一个地址字符串，可以直接说明名词词组的中心词。进一步细分情况见本书第九章。

7.日期

日期属于日期字符串，可以直接说明名词词组的中心词。进一步细分情况见本书第九章。

8.电话号码

电话号码属于电话号码字符串，详见本书第九章。

专有名词说明或填充中心词时，往往是名词词组中的唯一成分。但也有例外，专有名词可以有修饰语，也可以有指示词，如"一位年轻的王先生"，见图4-7。

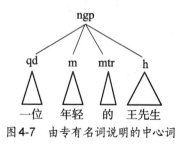

图4-7　由专有名词说明的中心词

另外，通过连接词，专有名词还可以与另一个名词词组并列填充小句中的某一个成分，例如在"它和《公民凯恩》在商业上都遭到失败"中，"它"和

"《公民凯恩》"是两个并列的名词词组，共同填充小句的主语，见图4-8。

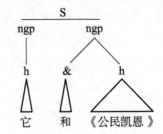

图4-8　含有专有名词的并列名词词组

### 4.2.1.3　中心词由兼类词说明

很多兼类词也可以用来说明中心词。兼类词是具有两种或几种不同句法功能的词。可以用来说明中心词的兼类词包括名、动兼类，名、形兼类以及名、动、形兼类三种。

名、动兼类词同时具有名词和动词两种句法功能，如"锁"、"代表"、"工作"、"建议"、"决定"、"通知"、"指示"、"总结"等。这类词都可以作为名词词组的中心词，例如"各国代表"、"这个工作"、"正确建议"、"乡里的通知"、"几点总结"等。图4-9是一个名、动兼类词作中心词的例子。

图4-9　由名、动兼类词说明的中心词

名、形兼类词同时具有名词和形容词两种句法功能，如"危险"、"困难"、"科学"、"经济"、"理想"、"自由"、"民主"、"矛盾"等。这类词均可以说明名词词组的中心词，如"生命危险"、"一时的困难"、"古代科学"、"我的理想"、"人的自由"等。图4-10是一个名、形兼类词作中心词的例子。

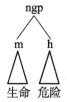

图4-10　由名、形兼类词说明的中心词

名、动、形兼类词同时具有名词、动词及形容词三种句法功能，如"麻烦"、"方便"、"便宜"、"繁荣"等。这类词也可以说明名词词组的中心词，如"不少<u>麻烦</u>"、"极大的<u>方便</u>"、"人家的<u>便宜</u>"、"空前的<u>繁荣</u>"等。图4-11是一个名、动、形兼类词作中心词的例子。

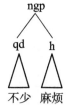

图4-11　由名、动、形兼类词说明的中心词

#### 4.2.1.4　中心词由形容词说明

通常情况下，形容词不能直接用作名词词组的中心词，不过，形容词后加上"的"字就可以作为中心词，如"<u>老</u>的"、"<u>少</u>的"、"<u>大</u>的"、"<u>小</u>的"、"<u>新</u>的"、"<u>旧</u>的"、"<u>年轻</u>的"等。在这种情况下，"的"字既改变了形容词的句法功能，也改变了它的语义功能，担当了中心词触发语的功能（参见4.2.6.4）。"的"字作为中心词触发语表明前面的形容词不再体现"属性"的语义特点，而是体现"物"的语义特点。

形容词作为中心词时，通常是名词词组中除了中心词触发语之外的唯一成分，但有时也会有限定词或前修饰语，例如"<u>那个</u>年轻的"、"<u>活着的</u>老的"等，分析方法参见图4-12。

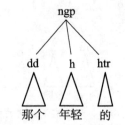

图4-12　由形容词说明的中心词

#### 4.2.1.5　中心词由名词词组填充

有时，名词词组的中心词可由一个或多个名词词组填充，如：

（1）贫困<u>老人和儿童</u>

（2）设备的<u>性能和质量</u>

（3）生活的<u>美好和芳香</u>

（4）与模特有关的<u>时装杂志或文学杂志</u>

图4-13体现了中心词与名词词组之间的关系。

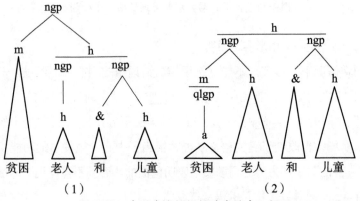

图4-13　由两个名词词组填充的中心词

"贫困老人和儿童"这句话可以有两种分析方式。图4-13（1）中的"老人"和"儿童"是两个并列的名词词组，它们共同填充一个中心词，"贫困"是它们共同的修饰语。图4-13（2）中的"贫困老人"和"儿童"是两个并列的名词词组，它们共同填充一个中心词，"贫困"是"老人"的修饰语。

### 4.2.1.6 中心词由性质词组填充

名词词组的中心词还可由性质词组填充。这类性质词组与由形容词说明中心词的情况类似，后面也会有一个中心词触发语"的"字，不同的是，这类性质词组通常表示的是比较的含义，如"<u>最坏</u>的（是交通拥挤）"、"<u>比较差</u>的（是材料工作）"、"<u>较难</u>的（是反抗）"、"<u>更好</u>的（是便于外出旅游）"、"<u>稍差</u>的（是他手中未握大权）"等。图4-14是对一例性质词组填充中心词的具体分析。

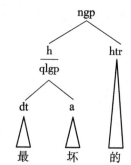

**图4-14** 由性质词组填充的中心词

### 4.2.1.7 中心词由小句填充

小句也可以填充名词词组的中心词。在这种情况下，小句的后面要有一个中心词触发语"的"字。这类小句可分为以下四类：

1. 由谓体和补语构成的小句

这类小句有结构简单的，也有结构复杂的。像在"<u>卖菜</u>的"、"<u>看热闹</u>的"、"<u>打饭</u>的"这样的名词词组中，填充中心词的小句结构都很简单，小句的补语往往由一个结构极为简单的名词词组填充，见图4-15。

有的小句结构比较复杂，例如在名词词组"占据画面大部分前景的（是动乱的人群）"中，"占据画面大部分前景"就是一个补语比较复杂的小句，见图4-16。

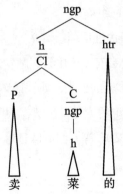

图 4-15 由谓体和简单补语构成的小句填充中心词

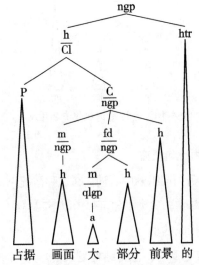

图 4-16 由谓体和复杂补语构成的小句填充中心词

此外，这类小句还可能包括状语成分，例如在名词词组"最早倡导二进制的（是德国科学家莱布尼茨）"中，中心词"最早提倡二进制"就是一个含有状语成分的小句，见图4-17。

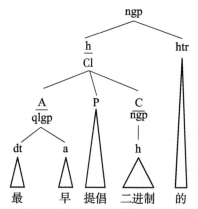

图4-17　由谓体、补语和状语构成的小句填充中心词

2. 由主语、谓体构成的小句

这类小句有的结构非常简单，仅含有主语和谓体，如"他说的（是对的）"、"我想的（是我的读者）"、"他知道的（太多了）"等，见图4-18。

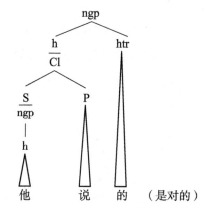

图4-18　由主语、谓体构成的小句填充中心词

有的小句则相对复杂，除了主语和谓体之外还包括其他成分，例如在"他唯一没解决的（是他个人最基本的技术问题）"中，在填充中心词的小句"他唯一没解决"中，还含有状语"唯一"和否定词"没"，见图4-19。

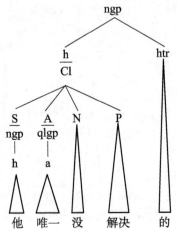

图4-19 由主语、谓体、状语和否定词构成的小句填充中心词

3. 由谓体构成的小句

这类小句的结构非常简单，一般只包括谓体，如"<u>吃</u>的"中的"吃"、"<u>喝</u>的"中的"喝"、"<u>玩</u>的"中的"玩"等。不过，这类小句有时也会包含其他成分，例如在"田里能吃的（也都吃得差不多了）"中，"田里能吃的"是名词词组，"的"是中心词触发语，"田里能吃"是填充中心词的小句，除了谓体外，还含有操作词/助动词"能"以及状语"田里"，见图4-20。

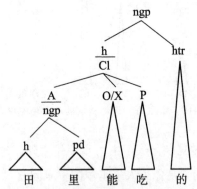

图4-20 由谓体、操作词/助动词和状语构成的小句填充中心词

4. 由顺序为主语、补语和谓体三个成分构成的小句

这一类的小句相对较少，例如名词词组"你刚才跟他打招呼的"中的

"你刚才跟他打招呼"，见图4-21。

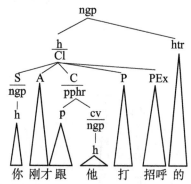

图4-21　由顺序为主语、补语和谓体构成的小句填充中心词

### 4.2.2　前修饰语

前修饰语是置于名词词组中心词之前的修饰性词语，可以表示情感、大小、长短、年龄、新老、颜色、出处、材料等多种含义，具有分类和描述两大功能。在汉语的名词词组中，当前修饰语出现时，后面经常会相应地出现一个"的"字，以体现前修饰语对中心词的修饰作用，这样的"的"字被称作前修饰语触发语（详见4.2.6.1）

前修饰语可由性质词组、名词词组、介词短语和小句四种单位填充。

#### 4.2.2.1　前修饰语由性质词组填充

在大多数情况下，前修饰语由性质词组（详见本书第五章）来填充，具有描述功能，如下列名词词组中的画线部分：

（1）长裙

（2）大城市

（3）美丽时光

（4）长的文案

（5）天真的想法

（6）水灵灵的蔬菜

例（1）至例（3）这三个性质词组只含有一个成分——形容词词组中心词；例（4）至例（6）这三个性质词组也只含有形容词词组中心词一个成分，但它们的后面还附有前修饰语触发语，见图4-22。

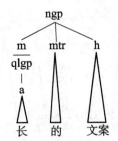

图4-22　由性质词组填充的前修饰语

有时，在形容词词组中心词的前面还会有程度调节词，如下列名词词组中的画线部分：

（7）很长的尾巴

（8）挺好的皮带

（9）太大的不同

（10）极高的天赋

（11）格外多的目光

（12）非常遥远的时代

（13）十分深刻的印象

（14）极其复杂的过程

（15）极为恶劣的影响

（16）更加广泛的传播

从以上例子可以看出，当程度调节词出现时，前修饰语触发语一般也会相应出现，图4-23可以说明他们之间的关系。当然，也有前修饰语触发语省略的例子，主要体现在形容词词组中心词和程度调节词都是单音节词的情况中，如"太大关系"、"极左思潮"等。

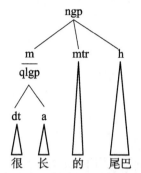

图4-23　由含有程度调节词的性质词组填充的前修饰语

#### 4.2.2.2　前修饰语由名词词组填充

在很多情况下，前修饰语可由名词词组填充。名词词组作为前修饰语具有分类功能，对中心语有限制作用，如：

（1）<u>满族</u>文化

（2）<u>玉石</u>指环

（3）<u>学校</u>食堂

上述填充前修饰语的名词词组只含有中心词一个成分，见图4-24。

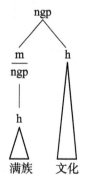

图4-24　由名词词组填充的前修饰语

有时，名词词组还会包含除了中心词之外的其他成分，如：

（4）<u>最佳球员</u>评选

（5）<u>没落贵族</u>家庭

（6）<u>你那边</u>情况

例（4）中的前修饰语"最佳球员"是一个由最高级限定词和中心词组成的名词词组；例（5）中的前修饰语"没落贵族"是一个由前修饰语和中心词组成的名词词组；例（6）中的前修饰语"你那边"是一个由中心词和后修饰语组成的名词词组。

### 4.2.2.3　前修饰语由介词短语填充

有时，前修饰语可由介词短语填充（详见本书第七章）。介词短语是对中心词具体范围的限制。通常情况下，介词短语作前修饰语需要加上前修饰语触发语"的"字，如"<u>在国外</u>的经历"、"<u>对社会</u>的责任"、"<u>给他</u>的礼物"等，具体分析参见图4-25。

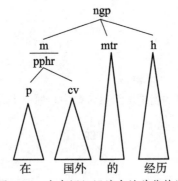

图4-25　由介词短语填充的前修饰语

### 4.2.2.4　前修饰语由小句填充

前修饰语还可以用小句来填充，但小句后必须要有前修饰语触发语"的"字，如：

（1）<u>我喜爱</u>的地方

（2）<u>找工作</u>的事

（3）<u>她做饭</u>的时候

（4）那些<u>濒临消失</u>的语言

（5）<u>村子里嫁出去</u>的女儿们

图4-26可以说明小句与前修饰语的填充关系。

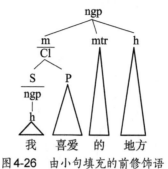

图4-26　由小句填充的前修饰语

### 4.2.3　限定词

在名词词组中，限定词是对中心词有特指、类指、泛指以及定量、不定量等修饰、限定作用的词。限定词可分为指示限定词、数量限定词、最高级限定词、序数限定词、比例限定词、类型限定词等六类。

#### 4.2.3.1　指示限定词

指示限定词是名词词组中最普遍的一类限定词，回答"哪一个"的问题。指示限定词大致分为三类：

1. 由形式项直接说明的指示限定词

这种形式项是"这"、"那"类的指示代词，如"<u>该</u>书"、"<u>本</u>文"、"<u>那</u>家伙"、"<u>这些</u>人"、"<u>那些</u>孩子"等，分析方法参见图4-27。

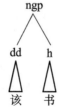

图4-27　由形式项说明的指示限定词

2. 由名词词组填充的指示限定词

这类名词词组一般是"这"、"那"与量词的组合，如"<u>这个</u>组织"、"<u>那</u>

93

个班级"、"这只鸟儿"、"那只猴子"、"这块跳板"、"那块蛋糕"、"这张唱片"、"那张脸"等，分析方法参见图4-28。

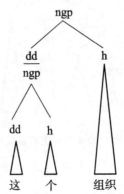

图4-28 由名词词组填充的指示限定词

3. 由属格字符串填充的指示限定词

属格字符串表示事物的所属关系，可以填充指示限定词。一般来说，属格字符串包括拥有者和属格成分（详见本书第九章），如"我的祖父"、"他的父亲"、"妈妈的衣服"、"同学的关心"、"国家的财产"等，分析方法参见图4-29。

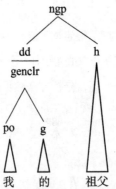

图4-29 由属格字符串填充的指示限定词

含有"自己"的属格字符串有时可能会比较复杂，如"我自己的事情"、"孩子自己的想法"、"丁鹏自己的问题"等，这类字符串的拥有者由一个名词词组填充，其中"自己"是前面代词、名词或人类专有名词字符串的后修饰语，分析方法参见图4-30。

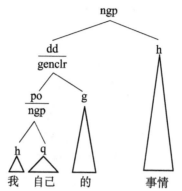

图4-30 由含有"自己"的属格字符串填充的指示限定词

此外，属格字符串可能还会只包含拥有者一个成分，如"<u>你</u>爸"、"<u>我</u>妈"、"<u>他</u>媳妇"、"<u>她</u>衣服"、"<u>它</u>尾巴"、"<u>你们</u>学校"、"<u>我们</u>单位"、"<u>他们</u>公司"、"<u>她们</u>宿舍"、"<u>谁</u>家"、"<u>其</u>风貌"等，分析方法参见图4-31。

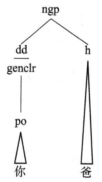

图4-31 由只含有拥有者的属格字符串填充的指示限定词

#### 4.2.3.2 数量限定词

数量限定词表示事物的数量，是名词词组中非常常见的一类限定词。在现代汉语中，存在下列三种数量限定词。

1. 由形式项说明的数量限定词

这类数量限定词包括所有用阿拉伯数字书写的基数词、所有以汉语书写的基数词以及"阿拉伯数字+百/千/万/亿"的形式，它们通常会与后面的量词组成名词词组，如"1天"、"12个"，"320名"、"5300米"、"三张"、"九尺"、"三十五万三千四百五十九户"、"3亿个"等，见图4-32、4-33、4-34。

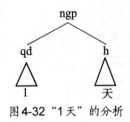

图4-32 "1天"的分析

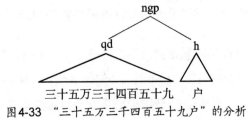

图4-33 "三十五万三千四百五十九户"的分析

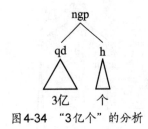

图4-34 "3亿个"的分析

　　这类限定词还包括表示不确定数量的词，如"所有问题"、"全部内容"、"众多国家"、"许多干部"、"无数球迷"等，分析方法参见图4-35。

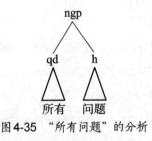

图4-35 "所有问题"的分析

　　另外，"每"字可以作为形式项直接说明数量限定词，如在"每家都设有佛坛"一句中，主语由名词词组"每家"填充，"每"是数量限定词，"家"是中心词。有时，"每"字后面会出现数字，如在"每两人有（一台收音机）"一句中，主语由名词词组"每两人"填充，"每"是数量限定词，"两人"是中心词，由名词词组填充；在"两人"这个名词词组中，"两"是数量限定词，"人"是中心词，分析方法参见图4-36。

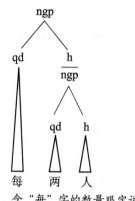

图4-36　含"每"字的数量限定词

　　"俩"、"仨"也属于这一类数量限定词，不过，它们却包含数量和数量单位两方面含义，如"俩金镯子"相当于"两个金镯子"。

　　2. 由名词词组填充的数量限定词

　　这类数量限定词由名词词组填充，一般包括两个成分：一个成分是数量限定词，用来表示数量，包括上面提到的基数词和表示不确定数量的词；一个成分是名词词组的中心词，用来表示数量的单位，包括度量衡单位和习用单位，前者如"米"、"里"、"公里"、"尺"、"寸"、"斤"、"两"等，后者如"个"、"只"、"条"、"块"、"群"、"批"等。这类名词词组的例子有："两只手"、"二斤白面"、"一群狮子"、"许多张照片"、"数个警察局"等，见图4-37。

　　有时，填充数量限定词的名词词组后面会跟一个选择语成分，通常由"的"字说明。选择语表示一种选择关系，即从一个较大的范围选择一部分出来，如在"三公里的路"中，"路"是一个较大的范围，"三公里"是从"路"中选择出来的一部分，见图4-38。

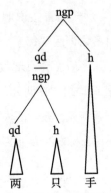

图4-37　由名词词组填充的数量限定词

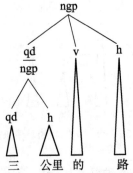

图4-38　后跟选择语成分的名词词组填充的数量限定词

3. 由数量词组填充的数量限定词

数量限定词可以由数量词组填充（详见本书第六章），如"大约2000公顷"，见图4-39。

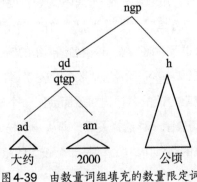

图4-39　由数量词组填充的数量限定词

### 4.2.3.3 最高级限定词

最高级限定词表示事物某个属性的极限程度，一般只适用于形容词，故由性质词组填充。最高级限定词中一般总有一个表达程度极端性的标志性词"最"来充当性质词组中的程度调节词，如"<u>最</u>盛时代"、"<u>最</u>高权力"、"<u>最</u>优品种"、"<u>最</u>大危险"等。在最高级限定词和名词词组中心词之间还会经常出现选择语，如"最艰苦<u>的</u>阶段"、"最幸福<u>的</u>人"、"最漂亮<u>的</u>建筑"、"最亲密<u>的</u>朋友"中的"的"，分析方法参见图4-40。

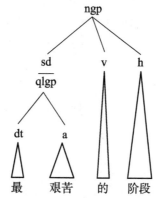

**图4-40　含有最高级限定词的名词词组**

如图4-40所示，填充最高级限定词的性质词组通常包括两个成分：性质词组的中心词和程度调节词。不过，当最高级限定词前出现序数限定词（详见4.2.3.4）时，填充最高级限定词的性质词组则只包含一个成分，如"第三大海湾"，这里的性质词组只包含性质词组的中心词"大"，见图4-41。

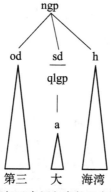

**图4-41　最高级限定词与序数限定词并列的情况**

此外，在"最后（一名）"、"最前方"这样的名词词组中，"最"字虽然也表达程度的意义，但其主要表达的还是顺序意义，因此，应视其为序数限定词（详见4.2.3.4）。

### 4.2.3.4　序数限定词

序数限定词是用来表示事物顺序的限定词，在名词词组中比较常见。在现代汉语中，序数限定词有如下四种表现形式：

1. 序数限定词后有物量词

这类序数限定词由一个名词词组填充，包含序数限定词和中心词两个成分，其中中心词多由物量词表示，如"第二年夏天"、"第三次会议"、"首位冠军"等，分析方法参见图4-42。

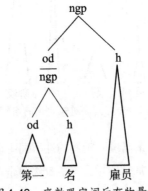

图 4-42　序数限定词后有物量词

2. 序数限定词后无物量词

这类序数限定词后没有物量词，可直接作为一个形式项，如"第二战役"、"第一食品厂"等，分析方法参见图4-43。

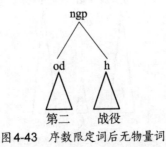

图 4-43　序数限定词后无物量词

此外，这类序数限定词经常会和最高级限定词连用，如"第三大海湾"、"第一长桥"、"第二高瀑布"等，参见图4-41。

3.序数限定词由基数词表示

有时，序数限定词可由基数词来表示，如"二战"、"二病区"、"二食堂"等。家庭中子女的排行也属于这一类序数限定词，如"二儿子"、"三女儿"等。需要特别注意的是，表示排行的"大"、"小"也属于这一类，如"大儿子"、"小女儿"等，分析方法参见图4-44。

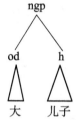

图4-44 由"大"字说明的序数限定词

4.序数限定词由基数词和物量词表示

这类序数限定词由一个名词词组填充，包含序数限定词和中心词两个成分，其中序数限定词由基数词表示，中心词多由物量词表示，如"一等奖"、"二路车"、"三等舱"等。另外，"头"、"末"、"特"也属于这一类，如"头等奖"，见图4-45。

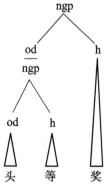

图4-45 由"头"字说明的序数限定词

有时，序数限定词可以充当名词词组中的唯一成分，如"（西班牙队列）第二"等，分析方法参见图4-46。

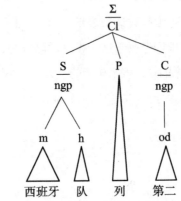

图4-46　序数限定词为名词词组的唯一成分

在4.2.3.3中提过一种特殊情况，即在"最后（一名）"这样的名词词组中，"最后"表示排序意义。在这种情况下，"最后"应作为序数限定词，而非最高级限定词，具体分析如图4-47所示。

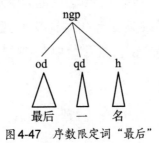

图4-47　序数限定词"最后"

### 4.2.3.5　比例限定词

比例限定词在名词词组中也较为常见，表示的是名词词组中心词所指事物所占比例的大小。

比例限定词多由形式项直接说明，如"二分之一"、"三分之二"、"百分之五十"等。比例限定词在使用时通常会与选择语连用，例如，在"三分之一的学生"、"百分之二十的费用"中的"的"字，分析方法参见图4-48。

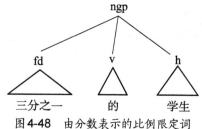
图4-48　由分数表示的比例限定词

此外,"……半"、"……成"、"……部分"也属于比例限定词,由形式项直接说明,如"<u>大半</u>的面积"、"<u>小半</u>的原因"、"<u>七成</u>的货物"、"<u>一部分</u>的事实"等,分析方法参见图4-49。

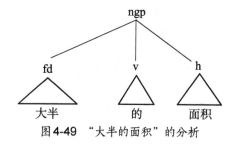
图4-49　"大半的面积"的分析

有时,这类比例限定词之后的选择语可以省略,如"<u>一半</u>人"、"<u>大半</u>辈子"、"<u>八成</u>产量"等。

比例限定词还会出现在中心词的后面,如"全球人口的<u>三分之一</u>"、"足球场的<u>四分之一</u>"、"注册资本的<u>百分之二十</u>"、"全球贸易额的<u>百分之八十</u>"、"成功的<u>一半</u>"、"书柜的<u>大半</u>"等,分析方法参见图4-50。

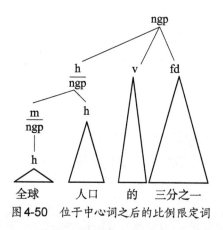
图4-50　位于中心词之后的比例限定词

103

#### 4.2.3.6 类型限定词

类型限定词表示的是种类、类型，在形式上与由名词词组填充的数量限定词相似，包含数量限定词和中心词两个成分。类型限定词多表现为"……种"、"……类"、"……样"等，如"<u>一种</u>风俗"、"<u>两类</u>项目"、"<u>三样</u>说法"等，分析方法参见图4-51。

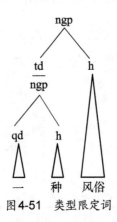

图4-51　类型限定词

类型限定词可以是名词词组中的唯一成分，例如在"智慧也有<u>三种</u>"中，"三种"即是一个类型限定词，是所在名词词组中的唯一成分。

类型限定词经常会和序数限定词一起出现，如"第一类"、"第二种"、"第三样"等，由于它们所表示的排序意义大于类型意义，因此，可按序数限定词对它们进行分析。

#### 4.2.4 后修饰语

后修饰语是位于名词词组中心词之后，用来修饰中心词的成分。这种后修饰语在现代汉语中并不常见，属于一种同位成分，包括修辞后修饰语和非修辞后修饰语两种。

修辞后修饰语表示中心词实际所指的情况、性质等特点的表征意义，可由名词说明，如"太阳的<u>铜镜</u>"；或由名词词组填充，如"事实的<u>这面镜子</u>"、"贫穷落后的<u>两座大山</u>"等[1]。后修饰语与其所修饰的中心词之间的关系是由后修饰语

---

1 这三个修辞后修饰语的例子引自何伟、洪南竹（2014）。

触发语（详见4.2.6.2）建立起来的，由"的"字说明，分析方法参见图4-52。

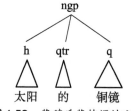

图4-52 修辞后修饰语的分析

非修辞后修饰语是对中心词的修饰、限定和补充，可由名词说明，如"我这里"、"他那儿"、"我们大家"等，也可由名词词组或人类专有名词字符串填充，如"人家王磊"、"绘画这个职业"、"年轻演员亚铭"等，分析方法参见图4-53。

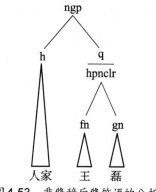

图4-53 非修辞后修饰语的分析

名词词组的分析需要结合具体的语境，例如：

（1）这是我们老师。

（2）这件事虽小，但给我们老师一个启发：孩子们是可爱的、善良的，关键是大人如何引导。

例（1）中的"我们老师"表达的是属格关系，语义中心在"老师"上，"我们"是用来限定"老师"的，相当于"我们的老师"，见图4-54。例（2）中的"我们老师"是一个同位结构，语义中心在"我们"上，用"老师"来补充说明"我们"的身份，相当于"我们这些做老师的人"，在这种情况下，"我们"是中心词，"老师"是后修饰语，见图4-55。

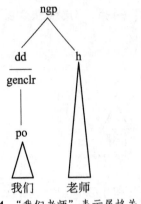
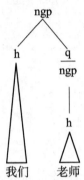

图4-54　"我们老师"表示属格关系　　图4-55　"我们老师"表示同位关系

### 4.2.5　具化语

具化语是修饰语的一种。不过，与前、后修饰语不同，具化语表示中心词所指代的具体内容，既可位于中心词之前，也可位于中心词之后。具化语与中心词之间一般会有一个"的"字，叫做具化语触发语（详见4.2.6.3）。

具化语多由小句填充，例如，在"辛亥革命胜利的消息"中，"消息"是中心词，小句"辛亥革命胜利"是具化语，指代"消息"的具体内容，"的"是具化语触发语，见图4-56。类似的例子还有"创造新事物的想法"、"修改总统选举法的提议"、"向全国进军的命令"等。

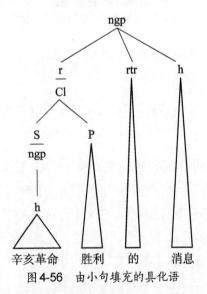

图4-56　由小句填充的具化语

具化语有时也可由名词词组填充，如：

（1）我们伟大的首都——<u>北京</u>

（2）此时，即<u>这一年的6月15日</u>

在例（1）中，"北京"是一个专有名词，是对"首都"的具体化；在例（2）中，"这一年的6月15日"是名词词组，是对"此时"的具体化。需要注意的是，这两个例子没有具化语触发语"的"字，但却有两个相当于具化语触发语的形式项：破折号和"即"字。为了便于区分，可以将破折号或"即"视作引出具化语的一个成分，即起始语（详见4.2.9）。另外，"即"字的前面往往会有一个逗号，为避免与"即"在句法分析层面上的重复，可将逗号视作前面中心词的结束语（详见4.2.9）。

具化语也可由并列的名词词组填充，例如在"<u>菠菜、韭菜、芹菜、西红柿、茄子、黄瓜，</u>哪样儿（都是那么新鲜诱人）"中，具化语就是由六个并列的名词词组填充的，见图4-57。

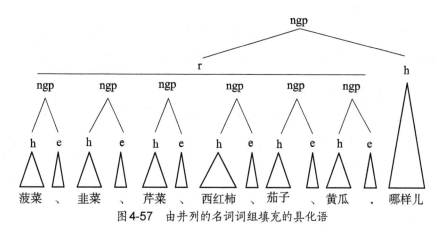

**图4-57　由并列的名词词组填充的具化语**

此外，具化语还可以由电话号码字符串填充（详见本书第九章），如"服务热线'95533'"、"热线电话'2267000'"等，具体可参见图4-58。

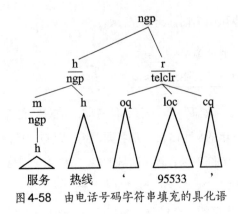

图4-58 由电话号码字符串填充的具化语

### 4.2.6 触发语

触发语是伴随着修饰语而存在的，它的出现触发了修饰成分的生成，故称之为"触发语"，常用"的"字来说明。根据其所触发的修饰成分的类型，可将其分为前修饰语触发语、后修饰语触发语、具化语触发语和中心词触发语。

#### 4.2.6.1 前修饰语触发语

前修饰语触发语是连接中心词和前修饰语的一个成分，它可以使一些结构成为中心词的前修饰语（参见4.2.2），如下列名词词组中的画线部分：

（1）漂亮的女孩（性质词组填充前修饰语）
（2）单位的领导（名词词组填充前修饰语）
（3）对他的敬意（介词短语填充前修饰语）
（4）拥有彩屏手机的朋友（小句填充前修饰语）

应该指出的是，当性质词组和名词词组填充前修饰语时，前修饰语触发语不是必要成分，例如将"漂亮的女孩"和"单位的领导"中的"的"字去掉，即变成"漂亮女孩"和"单位领导"，它们依然是符合语法规范的名词词组，在语义上也没有发生变化。

#### 4.2.6.2 后修饰语触发语

后修饰语触发语的功能是建立中心词与后修饰语（主要是修辞后修饰语，参见4.2.4）之间的关系，一般由"的"字来说明，如：

（1）太阳<u>的</u>铜镜

（2）事实<u>的</u>这面镜子

（3）贫穷落后<u>的</u>两座大山

在这三个例子中，除例（1）外，其余两例中的后修饰语触发语均可省略，即"事实这面镜子"、"贫穷落后两座大山"，省略之后的名词词组的意义没有改变，语法也符合规范。

### 4.2.6.3　具化语触发语

具化语触发语是连接具化语和中心词之间关系的成分，其具体功能是触发具化语的生成，多由"的"字说明（参见4.2.5），如：

（1）创造新事物<u>的</u>想法

（2）向全国进军<u>的</u>命令

### 4.2.6.4　中心词触发语

中心词触发语用于"……的"这样的结构，由形式项"的"字来说明。中心词触发语可以改变"的"字前面结构的句法和语义功能，使之成为名词词组的中心词（参见4.2.1）。例如，在"<u>老的</u>背大鼓，<u>少的</u>背小鼓"中，"老的"和"少的"是两个名词词组，中心词触发语"的"字改变了"老"和"少"的句法和语义功能，使它们成为名词词组的中心词，见图4-59。

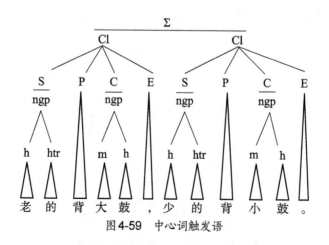

图4-59　中心词触发语

中心词触发语除了可以和形容词连用外，还可以与名词、代词、性质词组、介词短语以及小句连用，如：

（1）<u>男</u>的（与名词连用）

（2）<u>你</u>的（与代词连用）

（3）<u>最好</u>的（与性质词组连用）

（4）<u>朝北</u>的（与介词短语连用）

（5）<u>我能告诉大家</u>的（与小句连用）

### 4.2.7　列举语

在汉语中，表示列举的词汇最常见的是"等"或"等等"。列举语分为列举未尽、列举已尽后煞尾和列举未定三种情况。

#### 4.2.7.1　表"列举未尽"

1.有后续成分

有后续成分指的是列举语"等"的前面有列举项，后面有列举项的所属范畴。列举语遵循就近原则，黏着在最后一个列举项的后面，表示仍有其他同范畴的项目没有列举完。

当列举项为名词词组时，可以与"等"一起填充具化语。此时的"等"是填充具化语的最后一个名词词组中的一个成分，用enu1（enumeration 1）表示，如"安徽、浙江<u>等</u>地"，见图4-60。

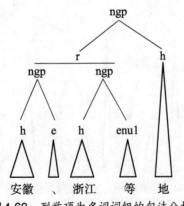

图4-60　列举项为名词词组的句法分析

当列举项为小句时，也可以与"等"一起填充具化语。此时的"等"黏着在填充具化语的最后一个小句之后，表示该范畴下的范例（一般指事件）列举未尽，用Enu1（Enumeration 1）表示，如"讲法制课、搞法律咨询、提检察建设<u>等</u>做法"，见图4-61。

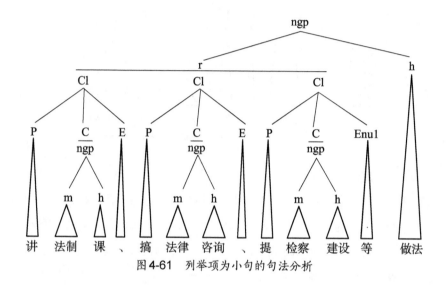

图4-61 列举项为小句的句法分析

2. 无后续成分

与有后续成分的结构不同，无后续成分结构不包含列举项所属范畴，所属范畴或者在列举项之前已提出，或者没有标明。

（1）所属范畴在列举项之前已提出

这种情况下，所属范畴一般在前文已经提出，列举语"等"与列举项表示的是所属范畴所涵盖的内容，"等"字表示仍有其他同范畴的例证没有列举完。一般来说，第一个列举项前会有"如"、"例如"这样的词语，因此，可以将其视作一个由介词短语填充的后修饰语，例如"一级消费者，如蝗虫、蚱蜢等"，见图4-62。

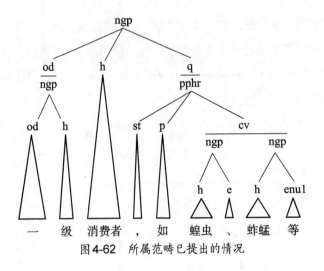

图4-62 所属范畴已提出的情况

（2）所属范畴未标明

表示列举未尽的"等"或"等等"可用在没有标明所属范畴的语言单位中，这种情况下的"等"或"等等"可以与列举项一起填充小句的主语或补语，如"松香、安息香等是天然树脂"，"一个人不能离开水、空气、阳光、土地等等"（分析方法参见图4-63）。另外，还可以填充介词短语中的补语，如"从塑料制品、罐头食品、化妆品到家具、洗涤剂等等，多多少少都与化学有关"。

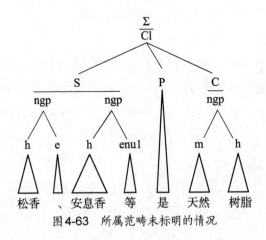

图4-63 所属范畴未标明的情况

#### 4.2.7.2　表"列举已尽后煞尾"

列举已尽后煞尾指的是列举项后一般会有一个含有数量限定词和中心词的名词词组。其中，数量限定词等于列举项的总和，中心词则表示列举项所属范畴，如"小麦、大豆、水稻、玉米等四个品种"，此时的"等"黏着在填充具化语的最后一个名词词组上，用 enu2（enumeration 2）表示，见图4-64。

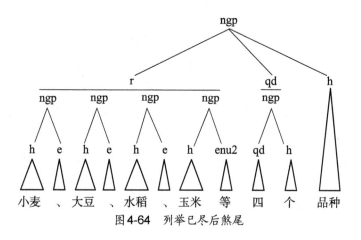

图4-64　列举已尽后煞尾

有时，表示数量和所属范畴的名词词组出现在列举项的前面，如"他们主要来自四个国家：美国、英国、加拿大和澳大利亚"中的"四个国家"。还有，表示所属范畴的名词词组出现在前面，而不含有数量限定词，对于这种情况，列举已尽含义一般由常识或语境得知。

需要说明的是，在表示列举未尽且有后续成分的结构中，也可能出现数量限定词，但其一定大于列举项的总和，如在"中国等八支劲旅参赛"中，列举项只有一个，即"中国"，而后面名词词组的数量限定词却是"八支"，显然，这里的列举语"等"表示列举未尽。

#### 4.2.7.3　表"列举未定"

"等"或"等等"也可表示列举未定，如"这些国家的服装纺织协会主席及相关机构负责人考察了博览会，并参加了开幕式、论坛等主要活动"中"等"的用法。在此例中，由于人们对"主要活动"认知上的不确定性，衍生了语言表达上的模糊性，这种模糊性即是由列举语"等"或"等等"表示的列举未定意义。

在句法分析中，词组内表示列举未定的列举语由enu1/2（enumeration 1/2)表示，小句内表示列举未定的列举语由Enu1/2（Enumeration 1/2）表示。

### 4.2.8　连接词

连接词是连接两个或两个以上并列结构的成分，它不仅出现在名词词组中，也会出现在其他各类词组、小句和字符串中。

在现代汉语中，与名词词组相关的、可以连接并列成分的有"和"、"（以）及"、"跟"、"同"、"与"、"乃至"、"或"、"或者"、"或是"等，如"老爹和老妈"、"美军及伪军"、"我同我太太"、"原子乃至原子核"、"他自己或是他个人"等。

此外，连接词还可以成对出现，如"无论社会还是大学生（都应转变观念）"、"不管小国还是大国"、"或者下一代，或者下下代"等。分析方法参见图4-65。

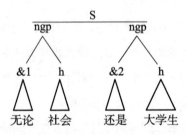

图4-65　名词词组中的成对连接词

### 4.2.9　起始语与结束语

起始语是引导一个单位开始的成分，结束语是表示一个单位结束的成分。除了名词词组之外，它们还可出现在其他各类词组、小句及字符串中。

在名词词组中，起始语的出现几率相对较低，一般由表示起始的逗号、破折号、冒号等说明；结束语的出现几率相对较高，一般由表示结尾的逗号、句号等说明。词组、字符串的结束语用e表示，小句的结束语用E表示。需要说明的是，当不同单位的结束语重合时，应采用高一级单位的结束语符号来表示，如图4-66。

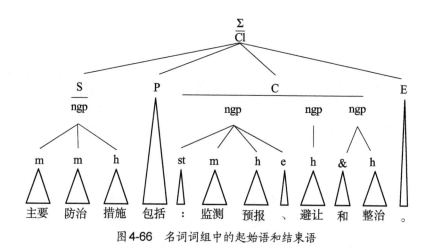

图4-66 名词词组中的起始语和结束语

此外，起始语也可由具体的词来说明，如"即"字，详见4.2.5。

## 4.3 名词词组的功能

### 4.3.1 名词词组在小句层面的功能

在很多情况下，名词词组可填充小句的主语，如：

（1）他很高兴。

（2）那个手指没有力量。

（3）他那里准备了些什么？

（4）老字号的烧卤店还出现了排队买烧鸭的景象。

（5）有关德国对苏战争的传闻非常厉害。

名词词组还经常填充小句的补语，如：

（1）宋庄是一个典型的北方村落。

（2）我非常羡慕他们。

（3）采取"走出去，请进来"的办法。

此外，名词词组还可填充小句的状语，如：

（1）三太太去年冬天生了个小娃娃。

（2）香港队，咱北京见！

图4-67是对一例名词词组填充小句主语、补语和状语的分析。

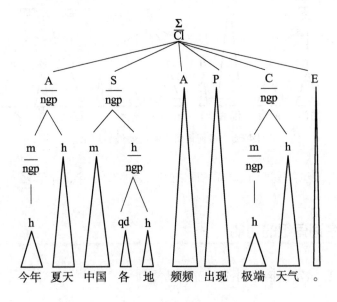

图4-67　名词词组在小句层面的功能

## 4.3.2　名词词组在词组层面的功能

### 4.3.2.1　名词词组在名词词组中的功能

名词词组可以填充中心词，如下述各例所示（分析方法参见图4-68）：

（1）这种信念和决心

（2）那些可爱的歌手和演员们

（3）许多木船、木筏

（4）无数荣誉和光环

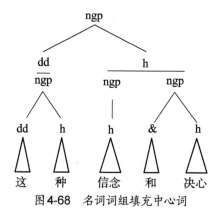

图4-68 名词词组填充中心词

名词词组可以填充前修饰语，如下述各例所示（分析方法参见图4-69）：

（1）<u>文艺</u>团体

（2）<u>大气</u>质量

（3）<u>珍珠</u>项链

（4）<u>粮食的</u>产量

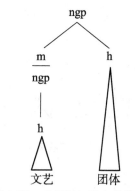

图4-69 名词词组填充前修饰语

名词词组可以填充后修饰语，如下述各例所示（分析方法参见图4-70）：

（1）我们<u>家长</u>

（2）封建主义<u>这座大山</u>

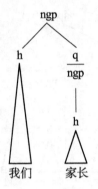

图4-70　名词词组填充后修饰语

　　名词词组可以填充具化语，如下述各例所示（分析方法参见图4-71）：

（1）唯一的财产——一根树枝

（2）地球上的两个寒带，即北寒带和南寒带

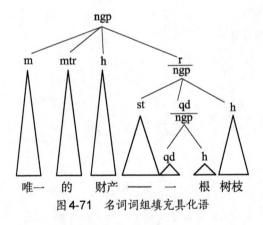

图4-71　名词词组填充具化语

　　名词词组可以填充指示限定词，如下述各例所示（分析方法参见图4-72）：

（1）这对夫妻

（2）这间教室

（3）那座房子

（4）那群孩子

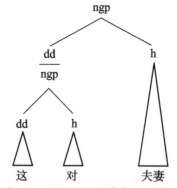

图4-72 名词词组填充指示限定词

名词词组可以填充数量限定词，如下述各例所示（分析方法参见图4-73）：

（1）一个姑娘

（2）两箱汽水

（3）五斤猪肉

（4）几个问题

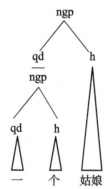

图4-73 名词词组填充数量限定词

名词词组可以填充序数限定词，如下述各例所示（分析方法参见图4-74）：

（1）第一辆车

（2）二次污染

（3）第二个特征

（4）首位外国教练

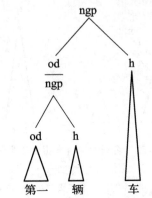

图4-74 名词词组填充序数限定词

名词词组还可以填充类型限定词，如下述各例所示（分析方法参见图4-75）：

（1）一种风俗

（2）四类成果

（3）三样产品

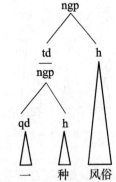

图4-75 名词词组填充类型限定词

#### 4.3.2.2 名词词组在性质词组中的功能

有时，性质词组中的程度调节词可由名词词组填充，如下述各例所示（分析方法参见图4-76）：

（1）两尺厚的铁门

（2）两米宽的一条河

（3）一个四两重的白面馍馍

（4）一艘八米长的橡皮摩托艇

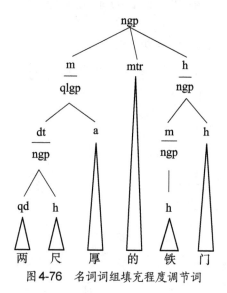

图4-76 名词词组填充程度调节词

#### 4.3.2.3 名词词组在数量词组中的功能

名词词组可以填充数量词组的范围完成语，如下述各例所示（分析方法参见图4-77）：

（1）其中很多

（2）他们当中很多

（3）它所做的很多

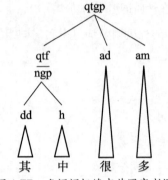

图4-77　名词词组填充范围完成语

#### 4.3.2.4　名词词组在介词词组中的功能

名词词组有时可以填充介词词组中的介谓体调节词，如下述各例所示（分析方法参见图4-78）：

（1）向（西）<u>150米</u>

（2）往（前）<u>60米</u>

（3）在（下面）<u>五十米</u>

（4）距（今）<u>两亿年</u>

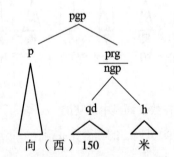

图4-78　名词词组填充介谓体调节词

#### 4.3.2.5　名词词组在介词短语中的功能

介词短语的主要成分为介谓体和介补语，其中介补语一般由名词词组填充，如下述各例所示（分析方法参见图4-79）：

（1）我为<u>幸福</u>而活着。

（2）他向<u>房东</u>借来茅柴。

（3）他对<u>党和人民</u>是忠诚的。

（4）中国将在<u>学校</u>开设安全知识课。

（5）一条大白鲨正朝<u>他们</u>游来。

（6）卢拉于<u>去年元旦</u>在国会宣誓就职。

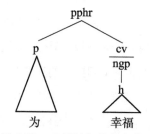

图4-79　名词词组填充介补语

#### 4.3.2.6　名词词组在属格字符串中的功能

属格字符串中的拥有者一般为人、其他动物或社会群体，一般由名词词组填充，如下述各例所示（分析方法参见图4-80）：

（1）<u>奶奶</u>的怀抱

（2）<u>祖国</u>的花朵

（3）<u>它</u>的脑袋

（4）<u>我</u>媳妇

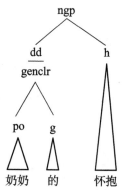

图4-80　名词词组填充属格字符串的拥有者

## 4.4　小结

本章主要介绍了名词词组的成分及其功能。

名词词组的成分非常复杂，主要成分包括中心词、前修饰语、后修饰语和限定词。此外，还包括选择语、具化语、触发语、列举语、连接词、起始语、结束语等其他成分。其中，有的成分包含多个次类，如限定词可细分为指示限定词、数量限定词、最高级限定词、序数限定词、比例限定词和类型限定词，触发语可分为前修饰语触发语、后修饰语触发语、具化语触发语和中心词触发语（图4-81是对名词词组成分的汇总）。

名词词组在小句层面上可填充小句的主语、补语和状语；在词组层面上可填充名词词组的中心词、前修饰语、后修饰语、具化语、指示限定词、数量限定词、序数限定词、类型限定词等成分。此外，名词词组还可填充性质词组中的程度调节词，数量词组中的范围完成语，介词词组中的介谓体调节词，介词短语中的介补语成分以及属格字符串中的拥有者。

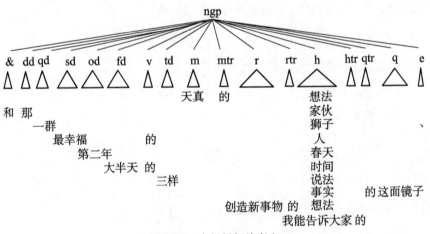

图4-81　名词词组的成分

# 练 习

1. 请根据例子指出画线部分的成分名称。

例：<u>理想</u>的结果（前修饰语）

（1）三个红<u>辣椒</u>

（2）<u>最冷</u>的时候

（3）一个<u>聪明</u>人

（4）历史的<u>长河</u>

（5）这女同学<u>自己</u>

（6）<u>用暴力解决分歧</u>的做法

2. 下列名词词组的画线部分都是限定成分，请根据例子指出具体的限定成分名称。

例：<u>一支</u>雪茄烟（数量限定词）

（1）<u>第五</u>章

（2）<u>最佳</u>新人

（3）<u>四样</u>珍品

（4）<u>二百斤</u>小米

（5）<u>一半</u>的款项

（6）<u>这堆</u>石头

3. 请根据例子画出下列名词词组的句法分析图。

例：<u>迷人的海滩</u>

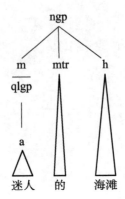

（1）这些修车的

（2）那个算命的老头

（3）我们这里的农民

（4）两个聪明可爱的男孩

（5）大量的小商、小贩

（6）一些洗发露、护肤霜等产品

# 第五章
# 性质词组的成分和功能

## 5.1 引言

现代汉语中，性质词组是一个用来表达"事物"或"情形"性质的句法单位。

性质词组可分为三类："标准"性质词组、"最高级"性质词组和"序数"性质词组。其中，"标准"性质词组是最常见的一类性质词组；"最高级"性质词组用来表达性质的程度；"序数"性质词组则强调"第几"的概念。尽管三者有所不同，但组成成分却有相似之处。

性质词组的主要成分包括中心词、中心词触发语、不同类别的调节词、引出语以及完成语。其中，中心词是性质词组的核心，其他成分都是对中心词的修饰或界定。此外，性质词组还可能包括其他成分，如起始语、结束语、连接词等。

性质词组的功能也呈现多样化的特点：它既可以在小句层面填充不同的单位，如主语、补语、状语、谓体、谓体延长成分等；也可以在词组层面填充不同的单位，如名词词组中的前修饰语、中心词、限定词，以及性质词组的调节词等。

## 5.2 性质词组的成分

### 5.2.1 中心词

中心词是性质词组的核心成分，因而也是必要成分。中心词的主要功能是描述"事物"或"情形"呈现的性质。当性质词组描述的是"事物"的性质时，中心词由形容词说明；当性质词组描述的是"情形"的性质时，中心词由副词（即"形容词+地"的形式）表达。如例（1）中形容词"生动"是对"神话"这一"事物"性质的描述，而例（2）中副词"生动地"是对"描述了他目睹耳闻的形形色色的社会现象"这一情形性质的表达。而且不难发现，它们在小句中充当不同的成分："生动"是补语的一部分，而"生动地"是小句的状语成分。

（1）《西游记》的作者吴承恩正是以这座火焰山为背景，写下了<u>生动</u>的<u>神话</u>故事。

（2）作者<u>生动地</u>描述了他目睹耳闻的形形色色的社会现象。

现代汉语中，性质词组的中心词可分为以下几类：

1. 中心词由简单形容词直接说明，这类中心词可用调节词进行修饰，如下述各例所示（分析方法参见图5-1）：

（1）很<u>宽</u>

（2）相当<u>理想</u>

（3）非常<u>敞亮</u>

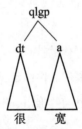

图5-1　中心词由简单形容词直接说明

2. 中心词由复杂形容词说明，这类中心词结构不像简单形容词那么单一，也很少用调节词修饰，但它们已经在现代汉语中演化为一类特殊的形容词。这类形容词可归为以下几类[1]（分析方法参见图5-2）：

（1）AB式状态形容词，如：冰凉、通红、火红、雪白等；

（2）ABB式状态形容词，如：冷冰冰、热乎乎、甜丝丝等；

_____
1 参见张敬源、段耀华（2013）。

（3）AA（B）式状态形容词，如：小小儿（的）、高高儿（的）等；

（4）ABAB式状态形容词，如：通红通红、冰凉冰凉、雪白雪白等；

（5）AABB式状态形容词，如：开开心心、快快乐乐等。

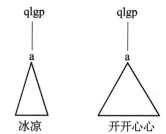

图5-2　中心词由复杂形容词直接说明

3. 中心词由副词说明，此类中心词又可分为意志类（如"故意"、"决意"）、时机类（如"趁机"、"乘机"、"顺便"）、同独类（如"分别"、"共同"、"独自"）、依照类（如"按时"、"按期"）、状态类（如"安然"、"傲然"）、方式类（"公开"、"高声"、"高速"、"大力"）[1]，如下述各例所示（分析方法参见图5-3）：

（1）故意逃避（责任）。

（2）（女工们）趁机逃窜。

（3）安然离开

（4）公开声明

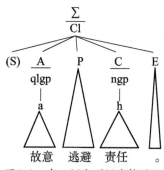

图5-3　中心词由副词直接说明

1 参见史金生（2011）。

既然中心词是性质词组的必要成分，那么它在三类性质词组中都会出现，如下述例子所示。与"标准"性质词组和"最高级"性质词组相比，"序数"性质词组的中心词是由序数词直接说明的。

（1）比金钱更<u>重要</u>

（2）最<u>美丽</u>

（3）<u>第一</u>

### 5.2.2　中心词触发语

中心词触发语用来说明性质词组内成分间的语义关系，这主要体现在它引发中心词描述、限定的功能。它紧跟中心词之后，通常不会发生非连续现象。一般情况下，中心词触发语由"地"直接说明。比如在"快乐地奔跑"一例中，用来表达"奔跑"状态的状语由性质词组填充，而性质词组由中心词"快乐"和中心词触发语"地"组成，分析方法参见图5-4。

（1）他们快乐<u>地</u>奔跑着。

（2）大家幸福<u>地</u>生活在一起。

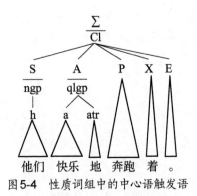

图5-4　性质词组中的中心语触发语

### 5.2.3　调节词

调节词用来调节中心词所表达的意义。通常情况下，调节词可分为三大类：程度调节词、强调调节词和状语性调节词。

### 5.2.3.1 程度调节词

程度调节词是上述三类调节词中最常用的一类调节词，它的主要功能是描述性质的程度。这类调节词可以再进一步分为两类：简单程度调节词和参照程度调节词。

两者相比，简单程度调节词较为常用，且可以独立完成调节的意义。简单程度调节词主要有"增强语"或"减弱语"，用来增强或减弱性质的程度；当然，除此之外，简单程度调节词也有一些其他的次类。

1. "增强语"用来加强中心词的意义，常见的有"顶"、"非常"、"挺"、"极其"、"特别"、"很"、"相当"、"颇"、"十分"、"格外"、"越发"等；有时它们也会重复使用以加强对中心词的调节作用，如下述各例所示（分析方法参见图5-5）：

（1）顶好

（2）非常棒

（3）极其嚣张

（4）很高兴

（5）相当不错

（6）颇丰

（7）十分巧妙

（8）格外明媚

（9）越发复杂

（10）非常非常非常真心的

图5-5　简单程度调节词——增强语

2."减弱语"在一定程度上削弱中心词的意义，常见的有"还"、"相对"、"比较"等，如下述各例所示（分析方法参见图5-6）：

（1）还不错

（2）相对富裕

（3）比较漂亮

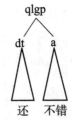

图5-6　简单程度调节词——减弱语

3. 其他简单程度调节词既可由形式项直接说明，如"不"、"最"等；也可由含数量限定词的名词词组填充，如下述各例所示（分析方法参见图5-7）：

（1）不错

（2）最高

（3）两尺长

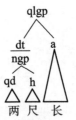

图5-7　其他简单程度调节词

与简单程度调节词不同，参照程度调节词用来指示完成语的出现，通常涉及至少两者之间的比较（关于完成语请参见5.2.5）。参照程度调节词既可能在"标准"性质词组中出现，也可能在"最高级"性质词组中出现。常见的参照程度调节词由形式项直接说明，主要包括"更"和"最"；偶尔也允许由数量词组填充。

1. 常见的参照程度调节词是"更"或"更加"。在现代汉语中，"更"或"更加"可以是显性的，也可以是隐性的；而且隐性时，表达的意义不变。例如，下述词组例（1）至例（4）调节词"更"或"更加"依次要求完成语"比以前"、"比她"、"比以前"、"比她成绩"的出现；而例（5）和例（6）则没有调节词，但仍可表达比较的意义。分析方法参见图5-8。

（1）比以前<u>更</u>漂亮

（2）比她<u>更加</u>潇洒

（3）比以前<u>更加</u>凶猛

（4）比她成绩<u>更</u>好

（5）比一般乐器容易

（6）比他们认真

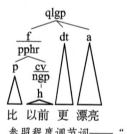

**图5-8　参照程度调节词——"更"**

2. 另一常见的参照程度调节词是"最"，它通常是显性的，其调节意义可由完成语补充完整，如下述各例所示：（分析方法参见图5-9）

（1）全世界<u>最</u>大

（2）在世界范围内<u>最</u>严重

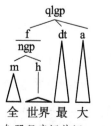

**图5-9　参照程度调节词——"最"**

3. 参照程度调节词也可由数量词组来填充，如下述各例所示（分析方法参见图5-10）：

（1）比她漂亮<u>许多</u>

（2）比人家漂亮<u>一点</u>

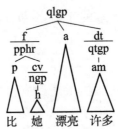

图5-10　参照程度调节词由数量词组填充

### 5.2.3.2　强调调节词

与程度调节词不同，强调调节词不是用来说明中心词的程度或量额，而是用来强调"事物"或"情形"的性质，有时也会要求完成语的出现。此时，完成语多是对某种性质导致的某种结果的描述。现代汉语中，强调性调节词多由形式项直接说明，如"这般"、"这么"、"多么"、"太"、"如此"、"那么"、"非常"、"特别"等，见下述各例（分析方法参见图5-11）：

（1）<u>这般</u>重要

（2）<u>这么</u>详细

（3）<u>多么</u>庸俗

（4）人类的容貌改变<u>太</u>快，以至于我们难以记得他们原先的模样。

（5）扮演圣诞老人使我<u>如此</u>心醉，以至于我连续干了12年。

（6）这一切都是<u>那么</u>平常，以至于我们不再关心电话是怎样改变了我们的生活。

（7）她显得<u>非常</u>紧张，以至于她的前额和手心都冒出了汗珠。

（8）爆炸的声音<u>特别</u>大，以至于他们全家都被震醒。

强调调节词既有点像简单程度调节词，又有点像参照程度调节词。

1. 当强调调节词强调或突出性质的程度或量额时，等同于简单程度调节词；并且在这种情况下，强调调节词可以重复，如下述各例所示：

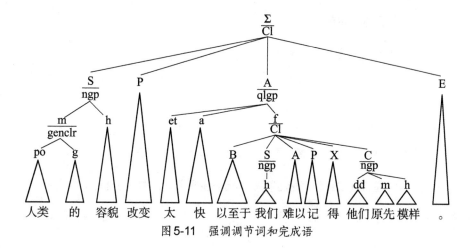

图 5-11　强调调节词和完成语

（1）如此重要

（2）非常非常重要

2. 当强调调节词要求完成语的出现时，等同于参照程度调节词；并且，在这种情况下，完成语多是由"以致于/以至于"引导的小句填充。

（1）事实上，脑消耗的能量是如此之高，以致于仅几分钟缺氧，脑就会死亡。

（2）儿童软件市场潜在的利润是如此之大，以至于美国苹果公司也最终加入其中。

### 5.2.3.3　状语性调节词

状语性调节词是对中心词进行的另一种修饰与限定。与程度调节词和强调性调节词相比，现代汉语中状语性调节词使用频率较低。尽管如此，状语性调节词还是可以表达视角、频率等意义。

1. 可以表达一定的视角，如下述各例所示：

（1）物质上富裕

（2）精神上紧张

（3）客观上正确或错误

2.可以表达一定的频率，如下述各例所示：

（1）美国与其他几强矛盾不断，<u>时而</u>紧张，<u>时而</u>缓和。

（2）中方高度评价马来西亚政府和马哈蒂尔总理对中国采取的<u>一贯</u>友好政策。

（3）《杂耍场》只可以说是一个没有真正个性的导演<u>偶尔</u>成功的一部作品，正如罗伯特·威恩导演的影片《卡里加里博士的小屋》一样。

图5-12是例（1）中"时而紧张"状语性调节词的具体分析。

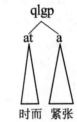

图 5-12　状语性调节词

### 5.2.4　引出语

引出语在性质词组中用来引出程度调节词。引出语一般紧随中心词，而程度调节词紧随引出语。因而，程度调节词也就位于中心词之后。如下文例（1）中"好"是中心词，"得"是引出语，引出程度性调节词"很"（见图5-13）。

（1）好<u>得</u>很！

（2）脸红<u>得</u>像萝卜。

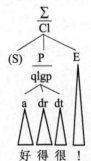

图 5-13　性质词组中的引出语

### 5.2.5 完成语

完成语的功能是用来完成程度调节词、强调调节词或中心词的意义，如下述例句依次所示：

（1）小时候的我就<u>比别的孩子</u>显得更忧郁、更多愁善感。

（2）她太沉浸于自己的伤痛，<u>以至于没注意到另一个人的痛苦</u>。

（3）所有的超产户们好像一夜之间都<u>比他</u>高了<u>半头</u>。

但这并不是说完成语只能是显性的，它也可以是隐性的，如下述各例中均没有完成语出现：

（1）古代与现代交相辉映，淄博<u>更美丽</u>而和谐。

（2）这使我们的汇演<u>更富有意义了</u>。

（3）逗号是<u>最有用</u>的标点。

（4）人脑是电脑<u>最理想</u>的样板。

完成语根据其在性质词组中的功能可分为三类：比较完成语、强调完成语和范围完成语。

1. 比较完成语用来完成程度调节词的意义，如下述各例所示（分析方法参见图5-14）：

（1）<u>比我</u>矮

（2）<u>比去年</u>更完善

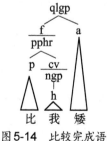

图5-14　比较完成语

2. 强调完成语用来完成强调调节词的意义，如下述各例所示（分析方法参见图5-15）：

（1）太专心<u>以至于忘记了时间</u>

（2）（儿童软件市场潜在的利润是）如此之大，<u>以至于美国苹果公司也</u><u>最终加入其中</u>。

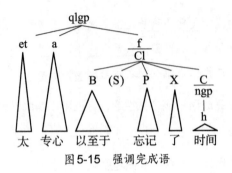

图5-15　强调完成语

3. 范围完成语用来限定中心词的范围，常用在"最高级"性质词组中，如下述各例所示（分析方法参见图5-16）：

（1）<u>三个中</u>最年幼

（2）<u>世界范围内</u>最古老

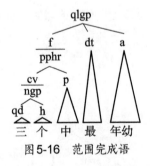

图5-16　范围完成语

完成语既可以由词组填充，也可以由小句填充。

1. 完成语可由介词短语填充，如下述各例所示：

（1）我们是否<u>比以前</u>更安全？

（2）氧原子和氢原子是<u>比水分子</u>更小的微粒。

（3）孔子则是<u>在中国</u>最早建造这座房子的人。

（4）作家的自杀比例是<u>在所有从事脑力劳动职业的人当中</u>最高的。

图5-17是对一例由介词短语填充的完成语的具体分析。

2. 完成语也可由小句填充，如下述各例所示（分析方法参见图5-18）：

（1）这一传说在中国流传甚广以至于许多人对此深信不疑。

（2）北京的场馆建设太出色了，以至于他"羞于"给北京提建议。

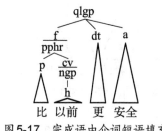

图5-17 完成语由介词短语填充

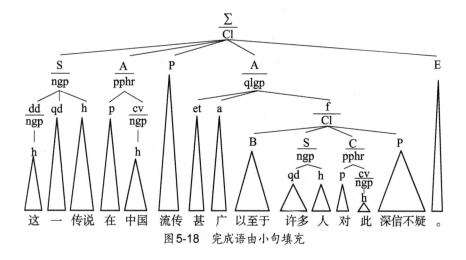

图5-18 完成语由小句填充

### 5.2.6 其他成分

性质词组中也可能会出现连接词、起始语、结束语等成分。

1. 连接词可以将两个或两个以上的性质词组连接起来，常见的连接词有"且"、"和"、"或"、"既……又……"等，如下述各例所示（分析方法参见图5-19）：

（1）善良且俊俏

（2）漂亮<u>和</u>俊俏

（3）正确<u>或</u>错误

（4）<u>既</u>漂亮<u>又</u>正统

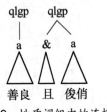

图5-19　性质词组中的连接词

2. 起始语和结束语标志性质词组的起始和结束，如下述各例所示（对结束语的分析方法参见图5-20）：

（1）和睦、温馨、幸福、安康、

（2）她——漂亮、年轻、健康、大方、聪慧的姑娘。

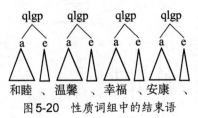

图5-20　性质词组中的结束语

## 5.3　性质词组的功能

不同类别的性质词组具有不同的句法功能。

"标准"性质词组的句法功能如下：

1. 可以填充小句中的主语，如下述各例所示（分析方法参见图5-21）：

（1）<u>诚实</u>是最好的策略。

（2）<u>廉洁公正</u>是带兵人的第一资格！

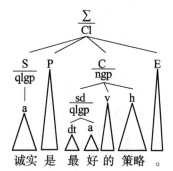

图 5-21 "标准"性质词组填充小句主语

2. 可以填充小句中的补语，如下述各例所示（分析方法参见图 5-22）：

（1）他长高了。

（2）她过得很充实也很自在。

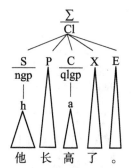

图 5-22 "标准"性质词组填充小句补语

3. 可以填充小句中的状语，如下述各例所示（分析方法参见图 5-23）：

（1）他飞快地读着。

（2）他幸福地擦了擦额上的汗珠。

（3）他苦干了三个月。

（4）"快走，大哥要见你。"

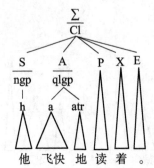

图5-23　"标准"性质词组填充小句状语

4. 可以填充小句中的谓体，如下述各例所示（分析方法参见图5-24）：

（1）他很帅气。

（2）他们高兴地说：广场真大，北京真美！

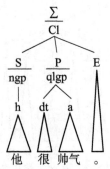

图5-24　"标准"性质词组填充小句谓体

5. 可以填充小句中的谓体延长成分，如下述各例所示（分析方法参见图5-25）：

（1）今天你得说清楚。

（2）辞职可不是小事，你可要想明白了啊。

6. 可以填充名词词组中的前修饰语，如下述各例所示（分析方法参见图5-26）：

（1）幸福女人

（2）（成功的女人背后总有）一个<u>比她更成功</u>的男人。

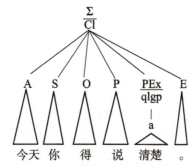

图5-25 "标准"性质词组填充小句谓体延长成分

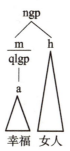

图5-26 "标准"性质词组填充名词词组的前修饰语

7. 可以填充名词词组中的中心词，如下述各例所示（分析方法参见图5-27）：

（1）两个<u>年轻的</u>

（2）<u>最幸福的</u>

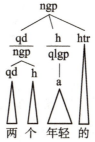

图5-27 "标准"性质词组填充名词词组的中心词

8. 可以填充性质词组中的程度调节词，如下述各例所示（分析方法参见图5-28）：

（1）<u>深</u>红

（2）<u>淡</u>蓝

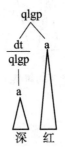

图5-28　"标准"性质词组填充性质词组的程度调节词

"最高级"性质词组的句法功能如下：

1. 可以填充小句中的主语，如下述各例所示（分析方法参见图5-29）：

（1）<u>最好</u>是今天。

（2）住房难，<u>最难</u>是教师。

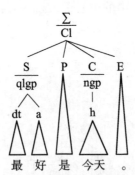

图5-29　"最高级"性质词组填充小句主语

2. 可以填充小句中的补语，如下述各例所示（分析方法参见图5-30）：

（1）最近身体不是<u>最好</u>。

（2）获得的未必是<u>最好</u>，放弃的未必就是<u>最差</u>。

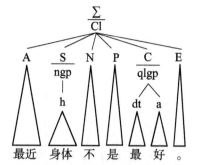

图5-30 "最高级"性质词组填充小句补语

3.可以填充小句中的谓体，如下述各例所示（分析方法参见图5-31）：

（1）第一次<u>最难</u>。

（2）我国的"两弹"试验和外国相比，事故<u>最少</u>，伤亡<u>最小</u>，成功率<u>最高</u>。

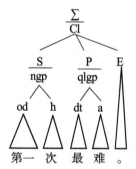

图5-31 "最高级"性质词组填充小句谓体

4.可以填充小句中的状语，如下述各例所示（分析方法参见图5-32）：

（1）<u>最快地</u>攫取利益。

（2）应该清醒地认识到，希特勒之所以能<u>最成功地</u>使其国家摆脱经济萧条，是因为他在其国家的战备方面做得<u>最彻底</u>。

5.可以填充名词词组中的最高级限定词，如下述各例所示（分析方法参见图5-33）：

（1）<u>最棒</u>的人

第五章 性质词组的成分和功能

（2）一个最老的长者

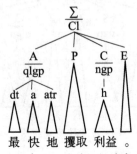

图 5-32 "最高级"性质词组填充小句状语

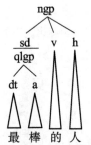

图 5-33 "最高级"性质词组填充名词词组的最高级限定词

6. 可以填充名词词组中的中心词，如下述各例所示（分析方法参见图 5-34）：

（1）最好的

（2）最伟大的

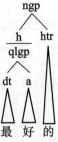

图 5-34 "最高级"性质词组填充名词词组的中心词

146

## 5.4 小结

本章主要介绍了性质词组的类型、句法结构及功能。

性质词组可分为三类："标准"性质词组、"最高级"性质词组和"序数"性质词组。

性质词组主要成分包括中心词、中心词触发语、调节词、引出语和完成语。其中，中心词是性质词组的核心成分，其他成分都是对它的修饰或界定。另外，调节词可进一步分为程度调节词、强调调节词和状语性调节词。当然，与其他词组一样，性质词组中也可包括其他成分，如连接词、起始语、结束语等（图5-35是对性质词组成分的汇总）。

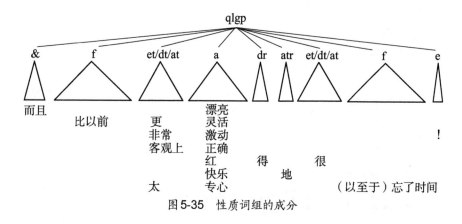

图 5-35 性质词组的成分

总的来说，性质词组在小句层面上可以填充主语、补语、状语、谓体、谓体延长成分等；在词组层面可以填充名词词组中的前修饰语、最高级限定词、中心词以及性质词组中的程度调节词等。

## 练 习

1. 请根据例子指出画线部分的成分名称。

例：很**好**（中心词）

（1）<u>最</u>棒

（2）<u>十分</u>特别

（3）相当<u>成熟</u>

（4）正常<u>而且</u>顺利

（5）<u>比他想象的</u>顽强

（6）<u>在参赛的亚洲各国或地区的12名运动员中</u>最快


2. 下列性质词组的画线部分都是调节词，请根据例子指出具体的调节词名称。

　　例：<u>非常</u>困惑（简单程度调节词）

（1）<u>不</u>错

（2）<u>更</u>成熟

（3）<u>三米</u>长

（4）<u>如此</u>残酷

（5）<u>那么</u>美好

（6）<u>这般</u>疯狂

（7）<u>一向</u>从容不迫

（8）<u>生活上</u>富裕、<u>精神上</u>富有、<u>文化上</u>富足


3. 请根据例子画出下列性质词组的句法分析图。

　　例：非常温暖

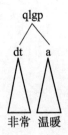

（1）格外清爽

（2）这般重要

（3）深蓝

（4）比红木更沉

（5）比以前漂亮

（6）太深以至于无法消除

# 第六章
# 数量词组的成分和功能

## 6.1 引言

　　数量词组对应的是意义层上的"数量"，体现"数量"在句法形式上的复杂性。它不仅可以表示"事物"的"数量"，还可以表示"情形"、"性质"的"数量"，甚至是"数量"的"数量"。需要说明的是，"数量"的表达未必一定使用数量词组，名词词组中的数量限定词就可以用来表达数量。

　　数量词组的成分相对较少，主要成分包括量额和调节项，有时还包含数量词组完成语。量额可由多种形式项说明，如基数词、形容词、名词等，也可由其他类型的词组填充，如名词词组、数量词组等。调节项也可由多种形式项说明，如副词、助词等，也可由名词词组、性质词组、数量词组、介词短语及小句填充。数量词组完成语可分为比较完成语、强调完成语和范围完成语。其中，比较完成语一般由介词短语填充，强调完成语大都由副词说明或由小句填充，范围完成语多由名词词组填充。

　　数量词组可填充小句层面的谓体、谓体延长成分、主语、补语和状语，名词词组中的数量限定词、比例限定词、序数限定词等成分，性质词组中的程度调节词，数量词组中的量额和调节项。

## 6.2 数量词组的成分

### 6.2.1 量额

　　量额是数量词组中最重要的，而且是不可缺少的成分，表示"数量"或程度的多少。量额可由部分基数词、形容词以及名词说明，也可由名词词

150

组、数量词组来填充。

### 6.2.1.1 量额由基数词说明

量额经常由部分基数词来说明，这里的基数词包括所有的用阿拉伯数字表示的基数词，以及汉语数字"一"至"九"，如下列数量词组的画线部分：

（1）大约 <u>7</u>（人）

（2）不足 <u>50</u>（人）

（3）<u>20</u> 多（人）

（4）正好 <u>五</u>（人）

需要注意的是，汉语的数字表达有时既含有阿拉伯数字，又含有汉字，如"3万"、"40亿"等，这种表达可作为形式项直接说明量额，若进行深一层分析，在句法上属于名词词组（参见4.2.3.2）。图6-1是基数词说明量额的分析方法。

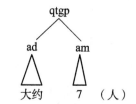

图6-1　由基数词说明的量额

此外，汉语中的"两"在数目上等同于"二"，有时也可以作为形式项直接说明量额，例如，在名词词组"大约两人"中，"大约两"是由数量词组填充的数量限定词，其中"两"是量额，"大约"是调节项。但是，在大多数情况下，"两"字多与量词连用，二者构成名词词组，填充数量词组的量额，如"大概两周"、"将近两天"、"不足两月"等，具体参见6.2.1.4。

### 6.2.1.2 量额由形容词说明

量额经常由"多"、"少"、"久"这一类的形容词说明，这类形容词与表示程度的调节项，如"很"、"太"、"极"、"挺"、"相当"、"十分"、"非常"、"极其"、"格外"、"分外"、"这么"、"那么"等，可以构成很多数量词组：

（1）很<u>多</u>

（2）相当<u>多</u>

（3）非常<u>多</u>

（4）极<u>少</u>

（5）太<u>久</u>

需要注意的是，有些含有"多"、"少"的语法单位并不是数量词组，如"众多"、"繁多"、"稀少"等，因为构成这类语法单位的两个字在结构上不是修饰关系，而是并列关系，"众"、"繁"、"稀"不能用做调节项。此外，它们无法回答"有多少"这样的问题，例如，对于"有多少人去了？"这一问题，不能作出"众多的人去了"、"繁多的人去了"、"稀少的人去了"这样的回答。此外，"多"和"少"还可以一起构成量额，例如，在"这一顿花费大约多少？"一句中，"多少"是对数量的提问，所以，"大约多少"是一个数量词组，"大约"是调节项，"多少"是量额。在这里"多"和"少"在一起表示数量的大小，故而在句法分析时不需要进一步细分，见图6-2。

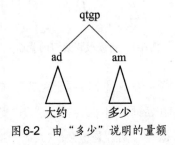

图6-2　由"多少"说明的量额

由形容词说明量额的另一种情况是形容词后有"于"字的结构，如：

（1）<u>多</u>于5次

（2）<u>少</u>于两吨

（3）<u>高</u>于1米

（4）<u>大</u>于5克拉

在这类数量词组中，量额后面的"于……"是数量词组完成语，由介词短语填充（参见本书第七章），"于"是介谓体，"于"后面的成分是介补语，具体见图6-3对"多于5次"的分析。

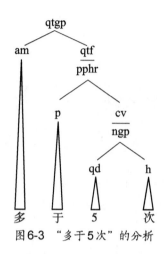

图6-3 "多于5次"的分析

### 6.2.1.3 量额由名词说明

有时，量额还可由名词来说明。可以说明量额的名词有"全部"、"所有"、"部分"、"一切"、"全体"、"悉数"、"全数"、"无数"、"一点（儿）"、"丁点（儿）"等，如：

（1）大概全部

（2）几乎一点（儿）

（3）极大部分

（4）差不多全数

图6-4是对量额由名词说明的情况的分析。

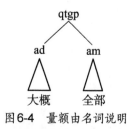

图6-4 量额由名词说明

### 6.2.1.4　量额由名词词组填充

含有"百"、"千"、"万"、"亿"这样的名词词组可以整体作为一个形式项说明量额：

（1）至少<u>数百</u>

（2）不足<u>一千</u>

（3）将近<u>两万</u>

图6-5是对"将近两万"的分析。

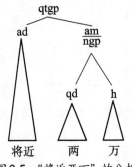

图6-5　"将近两万"的分析

此外，像"大部分"、"小部分"、"一部分"这样的名词词组也可以作为一个形式项说明量额，如：

（1）至少<u>大部分</u>

（2）相当<u>一部分</u>

这类名词词组的中心词都是"部分"，"大"、"小"都是前修饰语，"一"属于数量限定词。

量额还可以由表示比例的名词词组说明，如：

（1）近<u>三分之一</u>

（2）约<u>百分之二十</u>

（3）不足<u>一半</u>

（4）<u>两倍</u>左右

（5）<u>三成</u>以上

这类名词词组的分析方法与名词词组中比例限定词（参见4.2.3.5）的分析方法一致，见图6-6。

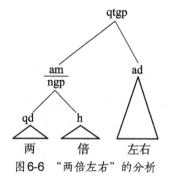

图6-6 "两倍左右"的分析

### 6.2.1.5 量额由数量词组填充

量额由数量词组填充多是在两个调节项一起使用的时候，下列数量词组中的画线部分都是由数量词组填充的量额（分析方法参见图6-7）：

（1）大约一半左右

（2）大概四十出头

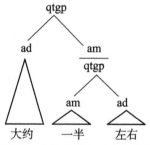

图6-7 由数量词组填充的量额

从以上例子可以看出，这类数量词组的两个调节项的地位并不相同，第一个调节项属于上一级数量词组的调节项，第二个调节项属于嵌入的数量词组的调节项，它是上一级数量词组中量额的组成部分之一，图6-7可以清楚地说明二者之间的关系。

### 6.2.2　调节项

在数量词组中，调节项对量额起修饰、调节作用，位置比较灵活，既可在量额之前，也可在量额之后，还可以介于填充量额的名词词组的中间。

#### 6.2.2.1　调节项由副词说明

由副词说明的形式项可表示"程度"（加强、减弱或近似的含义）、"强调"等含义。表示"程度"的调节项有"很"、"太"、"极"、"挺"、"十分"、"非常"、"几乎"、"相当"、"极其"、"格外"、"分外"、"不过"、"这么"、"那么""大约"、"约略"、"大概"、"大致"、"将近"、"几乎"、"差不多"等，如：

（1）很多

（2）非常少

（3）极其少

（4）格外多

（5）这么多

（6）那么少

（7）几乎所有

（8）不过三（个）

（9）大约一半

（10）约略两（岁）

（11）约摸二（里）

（12）将近100（米）

表示"强调"含义的调节项比较少，有"正好"、"恰好"、"恰恰"、"整整"、"足足"、"仅仅"、"只"、"只有"、"才"、"刚好"等，如：

（1）正好四（个）

（2）恰好七（岁）

（3）恰恰五（个）

（4）<u>整整</u>五（年）

图6-8是副词说明调节项的分析方法。

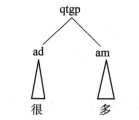

图6-8 由副词说明的调节项

### 6.2.2.2 调节项由助词说明

由助词说明的调节项大都表示"近似"含义，如"多"、"把"、"来"、"许"、"左右"、"上下"等，如下述各例所示：

（1）二十<u>多</u>（种）

（2）十<u>来</u>（趟）

（3）千<u>把</u>（块）

（4）三十<u>许</u>

（5）3（万元）<u>左右</u>

（6）40（公斤）<u>上下</u>

图6-9是助词说明调节项的分析方法。

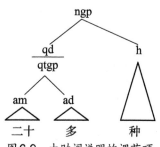

图6-9 由助词说明的调节项

需要注意的是，"许多"中的"许"字不属于这一类调节项，也不同于表示"程度"的调节项，如"很"、"极"等。"很多"、"极多"在结构上属于"定中"结构，而"许多"不属于这种结构，而是作为一个凝固的整体存在，具有不可分离性，因此在句法分析时，不能将"许多"一词拆分。

### 6.2.2.3　调节项由名词词组填充

调节项还可由名词词组填充，这类名词词组主要包括数量限定词和中心词两个成分。

由名词词组填充调节项的数量词组一般还会含有一个表示"比较"含义的数量词组完成语（参见6.2.3.1），如"（比去年）少100万只"等，具体分析见图6-10。

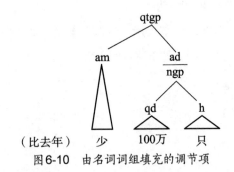

图6-10　由名词词组填充的调节项

### 6.2.2.4　调节项由性质词组填充

调节项有时可由一个性质词组填充，表示"程度"，如：

（1）一样多

（2）最低5（元）

（3）至多500（克）

图6-11是对性质词组填充调节项的分析。

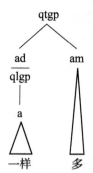

图 6-11 由性质词组填充的调节项

#### 6.2.2.5 调节项由数量词组填充

调节项有时可由一个数量词组填充，这样就出现了一个数量词组嵌入在另外一个数量词组里的情况。这种情况并不多见，如：

（1）少<u>很多</u>

（2）<u>很少</u>一点

（3）<u>很少</u>一些

（4）<u>极少</u>一些

从所举例子可以看出，嵌入的数量词组的调节项均表示"程度"含义，分析方法参见图 6-12。

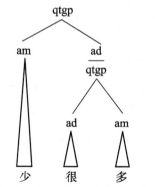

图 6-12 由数量词组填充的调节项

### 6.2.2.6　调节项由介词短语填充

调节项也可由介词短语说明，但一般情况下不再对其进行内部结构分析。这类介词短语比较有限，主要是由介词"以"与方位名词"上"、"下"、"内"、"外"、"里"等构成的，即"以上"、"以下"、"以内"、"以外"、"以里"。例如：

（1）6000（斤）<u>以上</u>

（2）20（米）<u>以下</u>

（3）500（米）<u>以内</u>

（4）7（公里）<u>以外</u>

（5）3（岁）<u>以里</u>

图6-13是对介词短语填充调节项的分析。

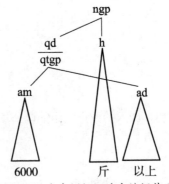

图6-13　由介词短语填充的调节项

### 6.2.2.7　调节项由小句填充

调节项由小句填充的情况非常少。这类小句的结构非常简单，一般只包含谓体和补语两个成分，例如，在"十丈有余"中，调节项由小句"有余"填充，"有"是谓体，"余"是补语，见图6-14。

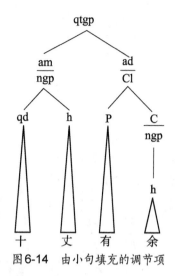

图6-14 由小句填充的调节项

不过，在具体的句法分析时，有些句法成分会被误认为是由小句填充的调节项，如下面语法单位的画线部分：

（1）超过80种

（2）满5次

（3）届满5年

（4）过亿

（5）不足1米

（6）不及3%

（7）不止9种

（8）不满1斤

（9）未满3年

上述例子都不是数量词组，而是小句，因为这些例子的画线部分与后面表示"数量"的成分地位相同，前者并不是后者的修饰性成分。故而，画线部分不是调节项，而是小句的谓体；画线部分后面的成分不是量额，而是谓体延长成分。例如，在"超过500公斤的爆炸物"这个名词词组中，"超过500公斤"应分析成数量限定词，由小句填充，"超过"是小句的谓体，"500

公斤"是谓体延长成分，具体见图6-15。

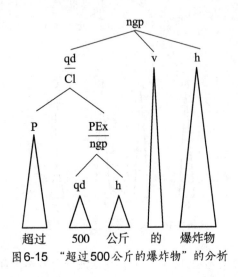

图6-15 "超过500公斤的爆炸物"的分析

### 6.2.3 数量词组完成语

数量词组完成语也是数量词组的一个成分，但出现的几率比较小，对量额起补充、说明作用。数量词组完成语根据表达的意义可分为比较完成语、强调完成语及范围完成语三种。

#### 6.2.3.1 比较完成语

比较完成语是补充量额"比较"意义的成分，一般位于量额的前面，多由含有"比"字的介词短语填充，如：

（1）比我多

（2）比我多一倍

（3）比我知道的多

在上述比较完成语中，"比"是介词，后面引出的是比较对象，作介词短语的介补语。图6-16是对比较完成语的分析。

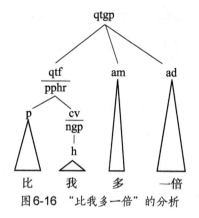

图6-16 "比我多一倍"的分析

含有"跟"、"和"、"同"、"与"的介词短语也表示"比较"含义，填充比较完成语，如下列数量词组的画线部分。

（1）跟你一样多

（2）和别人一样多

（3）同中国一样多

（4）与平日一样多

从上述例子可以看出，这类完成语后面都有"一样"一词，"一样"是个性质词组，用来说明这个数量词组的调节项，具体分析见图6-17。

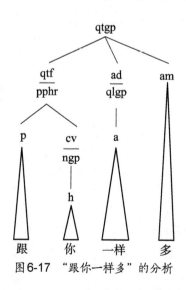

图6-17 "跟你一样多"的分析

此外，含有"于"字的介词短语也可以填充比较完成语，如"多于150天"、"少于10万"、"高于1米"、"低于20赫兹"等，具体分析见图6-3。

### 6.2.3.2 强调完成语

强调完成语用来"强调"量额所表示的数量，一般由"确实"、"的确"、"实在"、"果然"、"完全"等副词说明，如：

（1）确实很多

（2）的确很少

（3）实在很少

（4）果然很少

（5）完全一样多

强调完成语有时也可由小句填充，往往出现在调节项由"如此"说明的情况中，例如，在"（战斗的双方都犯了）如此多（的错误，）以致那些战争不能称为战争"中，"以致……"是一个小句填充的完成语，表示量额的程度，起强调作用，具体分析见图6-18。

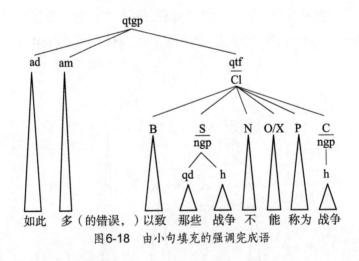

图6-18 由小句填充的强调完成语

事实上，由于"的错误"的介入，这个数量词组的强调完成语与量额和调节项发生了分离，产生了非连续现象（参见本书第十章）。

### 6.2.3.3 范围完成语

范围完成语表达"范围"意义，限定量额所表达意义的范围，一般由名词词组填充，如下列数量词组的画线部分：

（1）<u>其中</u>很多

（2）<u>他们当中</u>很多

（3）<u>它所做的</u>很多

图6-19是名词词组填充范围完成语的分析方法。

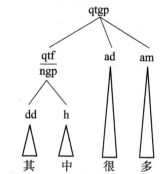

图6-19　由名词词组填充的范围完成语

## 6.3　数量词组的功能

### 6.3.1　数量词组在小句层面的功能

在小句层面，数量词组经常填充小句的谓体，如下列小句的画线部分：

（1）煤的种类<u>很多</u>。

（2）人数<u>多于147</u>。

图6-20是数量词组填充小句谓体的分析方法。

数量词组还可填充小句的谓体延长成分，如下列小句的画线部分：

例：在书的乐趣中，购和藏占了相当一部分。

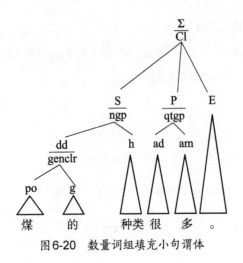

图6-20 数量词组填充小句谓体

图6-21是数量词组填充小句谓体延长成分的分析方法。

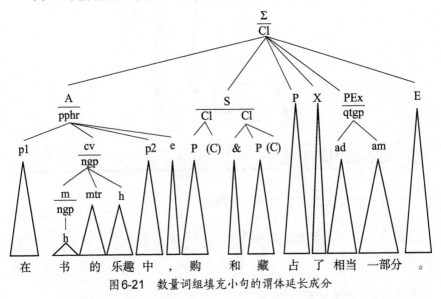

图6-21 数量词组填充小句的谓体延长成分

数量词组还经常填充小句的主语，如下列小句的画线部分：

（1）其中很多是警察。

（2）相当一部分成为名牌产品。

（3）很多是白手起家。

图6-22是数量词组填充小句主语的分析方法。

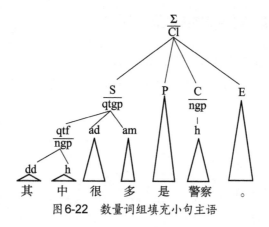

图 6-22 数量词组填充小句主语

数量词组还可填充小句的补语，如小句"问题还是<u>很多</u>。"的画线部分，见图 6-23：

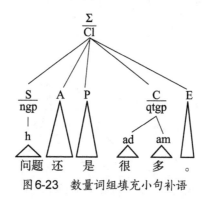

图 6-23 数量词组填充小句补语

此外，数量词组还可填充小句的状语，如小句"我<u>很少</u>哭。"的画线部分，见图 6-24：

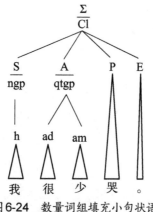

图 6-24 数量词组填充小句状语

### 6.3.2　数量词组在词组层面的功能

#### 6.3.2.1　数量词组在名词词组中的功能

数量词组经常填充名词词组中的数量限定词，如下列名词词组的画线部分：

（1）二十多个

（2）大约二十年

（3）相当少的信息

（4）相当一部分人

（5）少于六次

图6-25是数量词组填充数量限定词的分析方法。

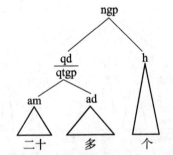

**图6-25　数量词组填充数量限定词**

数量词组有时还可填充名词词组的比例限定词，如下列名词词组的画线部分：

（1）大约三分之一的篇幅

（2）将近三成的美国人

（3）百分之八十多的场馆

图6-26是数量词组填充比例限定词的分析方法。

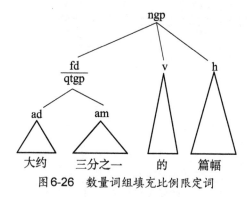

图6-26　数量词组填充比例限定词

数量词组有时还可填充名词词组的序数限定词，如下列名词词组的画线部分：

（1）<u>差不多第一</u>件

（2）<u>大约第一</u>次

图6-27是数量词组填充序数限定词的分析方法。

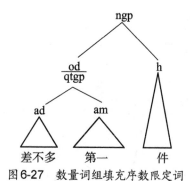

图6-27　数量词组填充序数限定词

#### 6.3.2.2　数量词组在性质词组中的功能

数量词组可以填充性质词组的程度调节词，一般位于中心词之后，如下列性质词组的画线部分：

（1）便宜<u>很多</u>

（2）比以前漂亮<u>许多</u>

图6-28是数量词组填充程度调节词的分析方法。

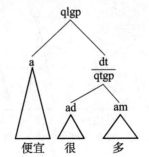

图6-28　数量词组填充程度调节词

### 6.3.2.3　数量词组在数量词组中的功能

数量词组可以嵌入上一级数量词组中，填充上一级数量词组的量额，如下列数量词组的画线部分：

（1）将近<u>两成左右</u>

（2）大约<u>三十上下</u>

图6-29是数量词组填充量额的分析方法。

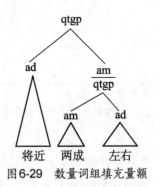

图6-29　数量词组填充量额

此外，数量词组还可以填充上一级数量词组的调节项，如下列数量词组的画线部分：

（1）<u>很少</u>一点

（2）相当多一些

图6-30是数量词组填充调节项的分析方法。

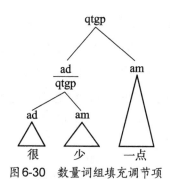

图6-30　数量词组填充调节项

另外，表示数量意义的基数词（如"15亿"）、倍数（如"两倍"）、分数（如"三分之一"）等在形式上属于名词词组，但可以作为一个整体形式项说明量额，如：

（1）将近15亿

（2）将近两倍左右

（3）近三分之一

对上述三例的具体分析见图6-31：

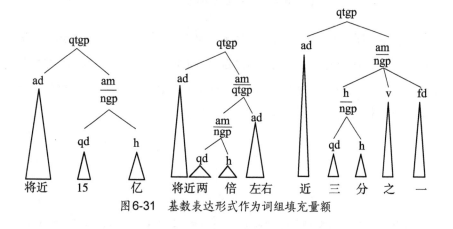

图6-31　基数表达形式作为词组填充量额

## 6.4 小结

本章主要介绍了数量词组的成分及功能。

数量词组主要包括量额和调节项。其中量额是核心成分，调节项对量额起修饰、调节作用。另外，数量词组有时还会有数量词组完成语。量额和调节项有多种体现形式，既可由多种形式项说明，也可由其他词组和小句填充。数量词组完成语可进一步细分为比较完成语、强调完成语和范围完成语三个次类（图6-32是对数量词组成分的汇总）。

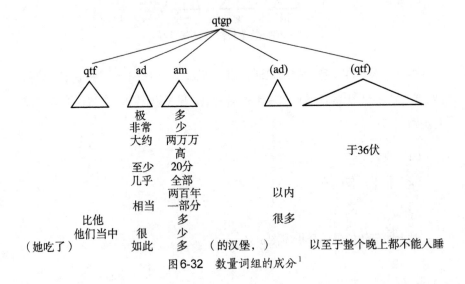

图 6-32 数量词组的成分[1]

数量词组在小句层面上可填充小句的谓体、谓体延长成分、主语、补语和状语；在词组层面上可填充名词词组的数量限定词、比例限定词、序数限定词等成分。此外，数量词组还可填充性质词组中的程度调节词，数量词组中的量额和调节项。

---

[1] 由于调节项和数量词组完成语既可位于量额的前面，也可位于量额的后面，因此，为便于区分，位于后面的调节项和数量词组完成语用括弧说明。

# 练 习

1.请根据例子指出画线部分的成分名称。

　　例：<u>约摸</u>二里（调节项）

　　（1）相当<u>多</u>

　　（2）<u>比我们</u>多

　　（3）多<u>两个</u>

　　（4）至少<u>一部分</u>

　　（5）<u>很少</u>一些

　　（6）二十五步<u>开外</u>

2. 下列数量词组的画线部分都是数量词组完成语，请根据例子指出具体的完成语名称。

　　例：<u>的确</u>很多（强调完成语）

　　（1）<u>确实</u>很多

　　（2）<u>和过去一样</u>多

　　（3）<u>他们中</u>很少

　　（4）<u>实在</u>太少

　　（5）<u>比女性</u>多

　　（6）<u>他们中间</u>很多

3.请根据例子画出下列数量词组的句法分析图。

　　例：三十左右

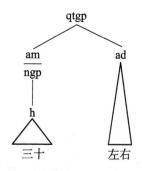

（1）四千多

（2）大约五分之一

（3）多两千多倍

（4）少于十万

（5）极大一部分

（6）比过去多三倍

# 第七章
# 介词短语的成分和功能

## 7.1　引言

现代汉语中，介词短语是一类相对复杂的短语，可以表达一定的经验意义和逻辑意义。

介词短语主要包括介谓体和介补语两个成分。现代汉语中介谓体种类较多，不同的介谓体可以引介不同的对象，进而表达不同的意义；介补语由介谓体引介，可由不同的语法单位来填充。此外，与其他词组相似，介词短语也可包括其他成分，如连接词、起始语、结束语等。

介词短语既可以在小句层面上填充一定的语法单位，也可以在词组层面上填充一定的语法单位。在小句层面上，介词短语填充主语、补语、状语等成分；在词组层面，可以填充名词词组中的前修饰语、性质词组中的完成语、数量词组完成语等。

## 7.2　介词短语的成分

介词短语由介谓体和介补语两部分组成，如图 7-1 对介词短语"在学校"的分析所示：

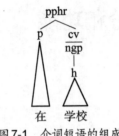

图 7-1　介词短语的组成

### 7.2.1　介谓体

介谓体是介补语和介词短语所填充的上级单位之间的桥梁和纽带。

现代汉语的介谓体（由介词说明）大都由古代汉语的动词虚化而来，因而要注意介谓体与谓体的区别。例如，下面（1）、（3）例句中的"在"、"到"是谓体；（2）、（4）例句中的"在"、"到"是介谓体。

（1）他<u>在</u>教室里。

（2）他<u>在</u>教室里学习。

（3）他<u>到</u>北京了。

（4）他<u>到</u>北京参加全国考古工作会议。

现代汉语中，介谓体比较多，使用频率较高，根据其功能可分为两大类。

第一大类介谓体像谓体那样，在介词短语中表示一种语义关系。这类介谓体可根据其引介的对象进一步划分为八个次类。

1. 介谓体引介空间位置，这类介谓体包括"在"、"前/后"、"在……旁边"、"在……附近"、"在……里"、"在……外"、"在……上"、"在……下"、"在……对面"、"在……之间"、"以东/南/西/北"、"从"、"到"、"从……到……"、"于"、"经"等，如下述各例所示：

（1）<u>在</u>学校

（2）两周<u>前</u>

（3）<u>在</u>驾驶座<u>旁边</u>

（4）<u>在</u>商店<u>附近</u>

（5）<u>在</u>教室<u>里</u>

（6）在长城外

（7）在山坡上

（8）在山脚下

（9）在国民议会大厦对面

（10）在夹金山、达维之间

（11）莱茵河以西

（12）从北京到上海

（13）于上海

（14）经山海关

2. 介谓体引介时间位置（时间点或时间段），这类介谓体包括"在"、"临"、"在……之前"、"在……之后"、"之前"、"之后"、"自……以来"、"自从……以后"、"直到"、"……到……之间"、"从……到……"等，如下述各例所示：

（1）在周一

（2）临走

（3）在4点之前

（4）在稳住局势之后

（5）寒假之前

（6）2010年之后

（7）自党的十一届三中全会以来

（8）自从20世纪30年代以后

（9）直到现在

（10）每年11月中旬到12月中旬之间

（11）从周一到周五

3. 介谓体引介方式，这类介谓体包括"通过"、"经过"等，如下述各例所示：

（1）通过学习

（2）经过苦练

177

4. 介谓体引介依据，这类介谓体包括"按"、"照"、"按照"、"依"、"依照"、"本着"、"根据"、"以"、"凭"等，如下述各例所示：

（1）按你说的

（2）照你的意见

（3）按照生态经济原则

（4）依你的意思

（5）依照法律

（6）本着平等的精神

（7）根据形势的变化

（8）以我的童心

（9）凭他的成绩

5. 介谓体引介对象或范围，这类介谓体用来标记参与者角色，包括"对"、"对于"、"关于"、"至于"、"围绕"、"作为"、"针对"等，如下述各例所示：

（1）对未来

（2）对于世界形势

（3）关于爱情

（4）至于奥尼尔

（5）围绕这个目标

（6）作为老师

（7）针对这一新情况

6. 介谓体引介伴随的事物，这类介谓体包括"伴着"、"随着"、"伴随着"等，如下述各例所示：

（1）伴着闪电大风

（2）随着经济的发展

（3）伴随着新年的钟声

7. 介谓体引介使用的事物，这类介谓体包括"拿"、"用"、"靠"、"靠着"等，如下述各例所示：

（1）拿棍子（打人）

（2）用枪（逼迫）

（3）靠金钱（开道）

（4）靠着这个工资

8. 介谓体表达逻辑关系，主要包括原因（如"因"、"由于"、"因为"、"鉴于"）、目的（如"为"、"为了"、"为着"）、排除（如"除……之外"、"除了"、"除去"、"除非"）、比较（如"如"、"犹如"、"正如"、"像"、"较之"、"比起"、"与/同/和……相似/一样/不同、相同"）等，如下述各例所示：

（1）因为我的身高

（2）为了生存

（3）除你之外

（4）除了他们

（5）除去诗意的幻想

（6）如鲜花

（7）犹如大海波浪

（8）正如一块炽热的铁

（9）像我们这种身处异乡的女孩

（10）较之其他学生

（11）比起绝大部分国家

（12）与冬天的取暖设备相似

（13）和我一样

第二大类介谓体通常出现在被动语态中，其后的介补语扮演参与者角色中的施事者，这类介谓体包括："被"、"叫"、"由"、"归"、"给"等，如下述各例所示：

（1）他仍被我们关押着。

（2）他叫我等他六年。

（3）这件事<u>由</u>你负责。

（4）高塔现在<u>归</u>他们管。

（5）我<u>给</u>他吓住了。

### 7.2.2　介补语

介补语由介谓体引介，并与介谓体一起帮助介词短语表达完整意义。现代汉语中的介补语可由不同的单位填充。

1. 介补语由小句填充，如下例所示（分析方法参见图7-2）：

例：通过<u>参加比赛</u>

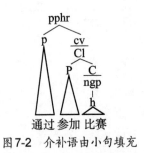

图7-2　介补语由小句填充

2. 介补语由性质词组填充，如下述各例所示：

（1）（任何长期目标的实现必然是）由<u>近</u>及<u>远</u>

（2）从<u>长</u>到<u>短</u>

（3）由<u>大</u>到<u>小</u>

图7-3是对性质词组"由近及远"的分析。

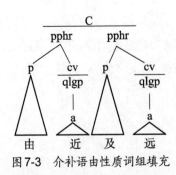

图7-3　介补语由性质词组填充

3. 介补语由名词词组填充，该类介补语又可细分为三类：由一般性名词词组填充的介补语、由中心词为代词的名词词组填充的介补语、由中心词为处所词、时间词、方位词的名词词组填充的介补语，如下述各例所示（分析方法参见图7-4）：

（1）按照<u>这个方针</u>

（2）不像<u>他</u>

（3）在<u>北京</u>

（4）从<u>周一</u>到<u>周五</u>

（5）朝着<u>东方</u>

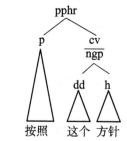

图7-4　介补语由名词词组填充

就位置而言，介补语既可以在介谓体后，也可以在介谓体前，如下述各例所示：

（1）在<u>下午</u>

（2）<u>一年</u>后

### 7.2.3　其他成分

与其他词组一样，介词短语中也可能会出现连接词、起始语、结束语等。

1. 连接词用来连接两个或两个以上的介词短语，如下述各例所示（分析方法参见图7-5）：

（1）按照历史<u>或</u>按照逻辑

（2）在学校和在其他学府

（3）既为了孝敬她这个皇太后，又为了自己想做一点事情

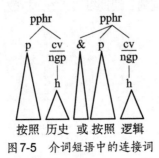

图7-5　介词短语中的连接词

2. 起始语和结束语用来标志介词短语的起始和结束，如下述各例所示（对结束语的分析方法参见图7-6）：

（1）为了你，也为了我

（2）为了扩大我的知名度，也为了这张专辑的销量，老总特意为我安排了一次唱片的签售活动。

（3）席利当天也表示，世界杯赛的准备工作"按照预定的计划"正在顺利进行之中。

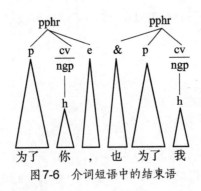

图7-6　介词短语中的结束语

## 7.3　介词短语的功能

介词短语既可以在小句层面上填充不同的单位，也可以在词组层面填充不同的单位。

1. 介词短语可以填充小句中的主语，如下述各例所示（分析方法参见图7-7）：

（1）在中国有市场。

（2）在山的顶端是一座座终年静寂于皑皑白雪覆盖下的银色山峰。

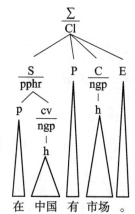

图7-7 介词短语填充小句主语

2. 介词短语可以填充小句中的补语，如下述各例所示（分析方法参见图7-8）：

（1）我是为了你。

（2）紫外线的波长范围是在5nm到370nm之间。

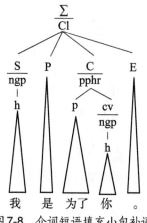

图7-8 介词短语填充小句补语

3. 介词短语可以填充小句中的状语，如下述各例所示（分析方法参见图7-9）：

（1）<u>在学校</u>，她很活跃。

（2）<u>为了生存</u>，画家们整天周旋于画廊老板、艺术赞助商和批评家之间。

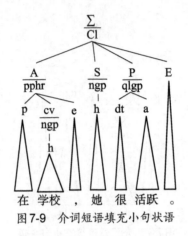

图7-9　介词短语填充小句状语

4. 介词短语可以填充名词词组中的前修饰语，如下述各例所示（分析方法参见图7-10）：

（1）<u>关于飞行</u>的书

（2）<u>在路边</u>的汽车

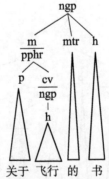

图7-10　介词短语填充名词词组中的前修饰语

5. 介词短语可以填充性质词组中的完成语，如下述各例所示（分析方法参见图7-11）：

（1）<u>比我</u>富裕

（2）<u>在世界上</u>最大

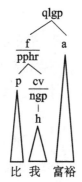

图7-11 介词短语填充性质词组中的完成语

6. 介词短语可以填充数量词组完成语，如下述各例所示（分析方法参见图7-12）：

（1）<u>比我</u>多

（2）<u>比</u>他少0.15分

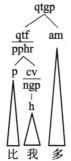

图7-12 介词短语填充数量词组完成语

## 7.4 小结

本章主要介绍了介词短语的句法结构和句法功能。

现代汉语中，介词短语主要由两部分组成：介谓体和介补语。介谓体可根据其功能分为两大类：独立表达语义关系的介谓体和被动语态中引介施事者的介谓体。独立表达语义关系的介谓体根据其引介的对象又可分为八个次类：引介空间位置、引介时间位置、引介方式、引介依据、引介对象或范围、引介伴随的事物、引介使用的事物、表达逻辑关系（包括原因、目的、排除、比较等）。介补语可由小句、性质词组或名词词组（包括一般性名词词组、中心词为代词的名词词组、中心词为处所词、时间词、方位词的名词词组）填充。除了介谓体和介补语，介词短语还可能包括连接词、起始语、结束语等成分（图7-13是对介词短语成分的汇总）。

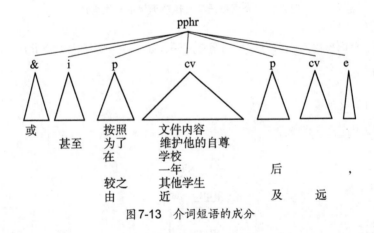

图 7-13　介词短语的成分

介词短语既可以在小句层面上填充不同的单位，也可以在词组层面填充不同的单位。在小句层面，介词短语可以填充小句中的主语、补语、状语等；在词组层面，介词短语可以填充名词词组中的前修饰语、性质词组中的完成语和数量词组完成语等。

## 练 习

1. 下列介词短语的画线部分都是介补语，请根据例子指出介补语的填充单位。

例：按照<u>这个方针</u>（名词词组）

（1）在<u>东北</u>（　）
（2）像<u>他</u>（　）
（3）直到<u>周末</u>（　）
（4）从<u>贫穷到富裕</u>（　）
（5）通过<u>参加评选</u>（　）

2. 下列各小题中的画线部分都是介词短语，请根据例子指出介词短语填充的句法成分。

例：<u>按照这个办法</u>，美术品经营单位应当明码标价。（状语）

（1）<u>在古代</u>有很多蝗灾的记载。（　）
（2）张恨水的第二次结婚是<u>在北京</u>。（　）
（3）<u>关于安全</u>的会议（　）
（4）<u>在美国</u>最受欢迎（　）
（5）<u>比她</u>幸福（　）

3. 请根据例子画出下列介词短语的句法分析图。

例：在家

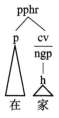

（1）在单位
（2）关于我的梦
（3）在学校和在其他学府
（4）通过学习中文

# 第八章

# 介词词组和连接词词组的成分和功能

## 8.1　引言

　　本章将要介绍两类词组：介词词组和连接词词组。把这两类词组放在同一个章节主要是基于以下三个原因：它们在数量上都非常少；它们的结构都非常简单，都包含两个主要成分；它们的功能相对单一，只能填充有限的句法成分。

　　介词词组主要包括介谓体和介谓体调节词两个成分。其中，介谓体是介词词组的核心成分，介谓体调节词对介谓体起修饰、限定等作用，多由名词词组填充。介词词组只能填充介词短语中的介谓体成分。

　　连接词词组数量非常少，主要包括连接词和连接词调节词两个成分。其中，连接词是连接词词组的核心成分，连接词调节词对连接词起修饰作用，一般由副词说明。此外，连接词词组偶尔还会含有结束语。连接词词组在功能上可填充小句中的连接词。

## 8.2　介词词组

### 8.2.1　介词词组的成分

　　介词词组主要包括两个成分：介谓体和介谓体调节词。介谓体是介词词组的中心成分，介谓体调节词对介谓体起修饰、限定、强调等作用。二者都是介词词组中不可或缺的成分。

#### 8.2.1.1　介谓体

介词词组中的介谓体主要包括以下两类：

1.描述介补语与上一层次语法单位中的某个参与者之间语义关系的介谓体

这类介谓体表示一种语义关系，描述介补语与谓体之间的关系，共有七类：第一，描述空间关系，如"从"、"朝"、"朝着"、"冲"、"冲着"、"经"、"经过"、"距"、"距离"、"离"、"循"、"循着"、"向"、"向着"、"往"、"沿"、"沿着"、"由"、"在"、"至"、"于"、"挨"、"挨着"。第二，描述时间关系，如"从"、"于"、"趁"、"趁着"、"在"、"当"、"当着"、"等"、"等到"、"距"、"距离"、"离"。第三，描述逻辑关系，如"因"、"因为"、"由于"、"为"、"为了"、"为着"、"基于"、"按"、"按照"、"根据"、"亏"、"凭"、"凭着"、"任凭"、"任"、"任着"、"通过"、"依照"、"照着"、"以"、"除"、"除开"、"除了"、"除去"、"除掉"。第四，描述比较关系，如"比"、"像"。第五，描述（工具、材料等）使用关系，如"拿"、"用"、"以"、"靠"、"靠着"。第六，描述伴随关系，如"随"、"随着"。第七，描述对象标记关系，如"把"、"对于"、"关于"、"将"、"据"、"连同"、"冲"、"冲着"、"给"、"跟"、"靠"、"归"、"令"、"让"、"替"、"由"、"同"、"跟"、"和"、"与"、"对"、"针对"、"朝"、"朝着"。

2.用来介引参与者角色的介谓体

这类介谓体多出现在被动语态中，后面跟的宾语通常是参与者角色中的施事者，如"被"、"让"、"叫"。此外，"把字句"中的"把"也属于这一类介词，但它后面跟的是参与者角色中的受事者。

### 8.2.1.2　介谓体调节词

介词词组中的调节词用来调节、修饰介谓体的语法成分，对介谓体起修饰、限定等作用，大多位于介谓体的前面。介谓体不能独立使用，只有和后面的介补语一起使用才具有语法功能，可见介谓体与介补语的关系非常密切，因此，介词词组中的调节词不仅对介谓体有调节作用，对介补语也有调节作用。

介谓体调节词比较少，一般由名词词组填充。这类调节词一般位于介补语的后面，修饰或限定的是有限的几个表示空间、时间关系的介词，如

"向"、"离"、"距"、"距离"、"朝"、"往"、"在"等：

（1）向（西）<u>150米</u>

（2）离（市中心）<u>六公里</u>

（3）朝（南）<u>二十里</u>

（4）往（前）<u>60米</u>

（5）在（下面）<u>五十米</u>

（6）距（今）<u>两亿年</u>

图8-1是对例（1）的分析。

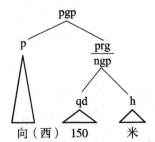

图8-1　由名词词组填充的介谓体调节词

此处需要注意：介谓体前面有时会出现一些副词，比如"只"、"就"、"光"、"净"、"都"、"全"、"正"、"仅"、"仅仅"、"唯独"、"一律"、"一概"、"统统"等，见下述各例中的情况。

（1）<u>光</u>跟我抬杠

（2）<u>只</u>朝（一个方向）

（3）<u>净</u>在（小孩面前装好人）

（4）<u>仅仅</u>根据（这些表象）

（5）<u>一律</u>依照（本规定）

（6）<u>统统</u>对（他说了一遍）

上述介谓体前面的副词，因其出现的位置，看上去是对介谓体予以限定、强调等作用。实际上，被限定和强调的是介补语。所以这类副词我们把它们描述为填充介补语的语言单位中的一个非连续性成分——推断语，见图8-2。

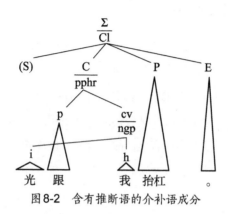

图8-2 含有推断语的介补语成分

### 8.2.2 介词词组的功能

介词词组的功能比较有限，一般只可以填充介词短语中的介谓体成分，如下述介词短语的画线部分（具体分析见图8-3）：

例：<u>在</u>下方<u>20</u>米

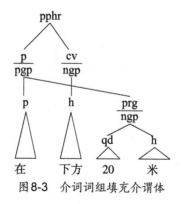

图8-3 介词词组填充介谓体

由图8-3可以看出，由于介补语的介入，介词词组中的介谓体与介谓体调节词发生了分离，产生了非连续现象（详见本书第十章）。

## 8.3　连接词词组

### 8.3.1　连接词词组的成分

连词包括两个类别：粘合词和连接词。由于粘合词和连接词系虚词，在语言现象中只是担当粘合和连接两个语言单位的功能，一般情况下，很少带有修饰词语（尽管有些粘合词前有其他词语出现，如下述各例所示）。然而粘合词之前的词语不是用来修饰粘合词的，而是用来修饰粘合词所在小句中的推断语，表示限定性的推断意义，故而我们一般不把它们描述为粘合词的修饰成分，也就是说，我们认为汉语中一般不存在粘合词词组。

（1）只当……时

（2）就在……时

（3）唯独每当……

（4）仅仅因为……

（5）统统由于……

（6）就如同……

图8-4是对"就在李四离开的时候，张三出现了。"的具体分析。

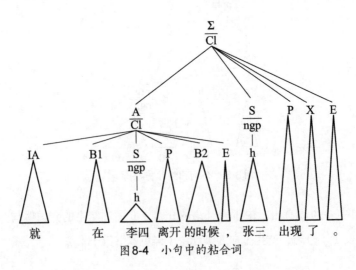

图8-4　小句中的粘合词

连接词前面很少出现修饰性的词语，仅限于个别情况，比如"紧接着"中的"紧"。因而，我们可以讲汉语中存在连接词词组，但是数量非常少。在连接词词组中，一个关键成分是连接词，另一个成分是连接词调节词。连接词词组中偶尔也会出现结束语。

图8-5是对连接词词组"紧接着"的分析。

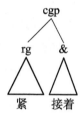

图8-5 连接词词组"紧接着"的内部结构

### 8.3.2 连接词词组的功能

连接词词组通常只填充小句中的连接词，比如"紧接着，全场掌声久久不息"。对该句的详细分析见图8-6。

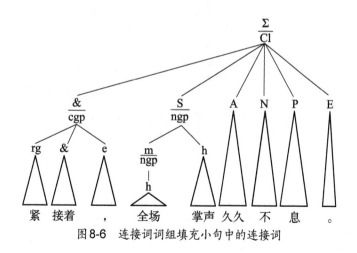

图8-6 连接词词组填充小句中的连接词

## 8.4　小结

本章主要介绍了介词词组和连接词词组的成分和功能。

介词词组主要包括介谓体和介谓体调节词两个成分。介词词组中的介谓体主要包含两大类：一类是描述介补语与上一层次语法单位中的某个参与者之间语义关系的介谓体；一类是用来介引参与者角色的介谓体。其中前者又可分为描述介补语与谓体之间的空间、时间、逻辑、比较、（工具、材料等）使用、伴随和对象标记等关系的七类介词。介谓体调节词多由名词词组填充（图8-7是介词词组成分的汇总）。介词词组在功能上只能填充介词短语中的介谓体成分。

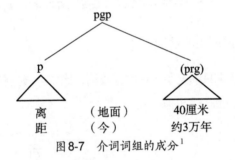

图8-7　介词词组的成分[1]

连接词词组主要包括连接词和连接词调节词两个成分，偶尔还含有结束语。连接词调节词一般由副词说明。结束语一般表现为逗号（详例见图8-8）。在功能上，连接词词组可填充小句中的连接词。

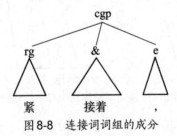

图8-8　连接词词组的成分

---

1 介词词组的调节词既可位于介词的前面，也可位于介词的后面。由于要在一张图上呈现介词词组成分的各种情况，所以，位于介词后面的调节词被置于括弧中以示区分。

# 练 习

1. 请根据例子指出下列介词词组画线部分的成分名称。

例：<u>朝</u>（西）300米（介谓体）

（1）<u>距</u>（今）30年

（2）向（东）<u>20米</u>

（3）离（北京）<u>300公里</u>

2. 请根据本章内容找出下面语言现象中的连接词词组。

（1）就在（双方关系紧张）的时候

（2）紧接着（举行了记者招待会）

（3）真如同（聆听着青春的吟唱）

（4）或者换句话说，（是贫穷）

（5）实在因为（她年老了）

（6）或者在（天气好）的时候

3. 请根据例子画出下列介词词组或连接词词组的句法分析图。

例：就除了他

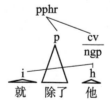

（1）在前面200米

（2）只与我谈文学。

（3）完全从个人心理的角度

（4）只在作协开会。

（5）或者由于文化低

（6）恰恰因为西方必须重新开始

# 第九章
# 字符串的成分和功能

## 9.1　引言

　　字符串是名词词组下的一种特殊语法单位，一般由两个或两个以上成分组成，可表示特定的人名、地址、日期、电话号码等。

　　字符串可分为属格字符串、人类专有名词字符串、地址字符串、日期字符串和电话号码字符串等。其中，属格字符串和人类专有名词字符串比较常用。在这些字符串中，属格字符串包含的成分最少，只有拥有者和属格成分两个成分。其余字符串所包含的成分都比较多。

　　由于字符串是名词词组下的一个语法单位，因此，字符串的功能非常有限。其中，属格字符串可以填充名词词组的指示限定词和中心词，人类专有名词字符串可以填充名词词组的中心词、后修饰语以及属格字符串中的拥有者，电话号码字符串可以填充名词词组的中心词和具化语，地址和日期字符串只能填充名词词组的中心词。

## 9.2　属格字符串

### 9.2.1　属格字符串的成分

　　属格字符串表明事物的所属关系，主要包括拥有者和属格成分。拥有者表示的是拥有某一事物的人，一般由名词词组和人类专有名词字符串填充。属格成分则由"的"字说明。请看下列属格字符串：

　　（1）我的

（2）老师的

（3）小猫的

（4）国家的

（5）李嘉诚的

（6）她自己的

（7）中国两亿职工自己的

在上述字符串中，例（1）的拥有者由代词说明；例（2）的拥有者由名词说明；例（3）和例（4）的拥有者也由名词说明，但却不是人，例（3）的拥有者是动物，例（4）的拥有者属于社会群体；例（5）的拥有者是人类专有名词字符串（详见9.3）；例（6）和例（7）的拥有者较为复杂，二者都由名词词组填充，其中例（7）的拥有者是一个包含四个成分的名词词组，对其详细分析见图9-1。

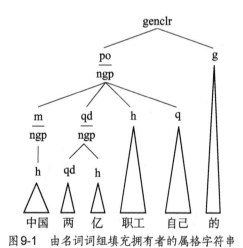

图9-1　由名词词组填充拥有者的属格字符串

属格字符串有时只包括拥有者一个成分，如：

（1）你（妈）

（2）我（奶奶）

（3）她（帽子）

（4）它（耳朵）

（5）谁（家）

（6）其（内容）

上述属格字符串都没有属格成分，但除例（6）外，其余属格字符串都可以加上属格成分"的"字。例（6）的"其"相当于"它的"，本身就包含了属格成分的含义，因此无需再在"其"后加上属格成分"的"字。

### 9.2.2　属格字符串的功能

属格字符串一般可以填充名词词组中的指示限定词，如下列名词词组中的画线部分：

（1）我的老师
（2）谁的责任
（3）兔子的尾巴
（4）政府的立场

图9-2是属格字符串填充指示限定词的分析方法。

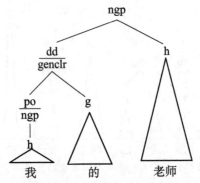

图9-2　属格字符串填充名词词组的指示限定词

此外，属格字符串还可填充名词词组的中心词，如：

（1）（土地是）国家的。
（2）我的（就是）你的。
（3）（他的言语和）他们的（不同）。
（4）（谁也不晓得粮食是）谁的。

图9-3是属格字符串填充名词词组中心词的分析方法。

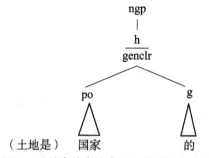

图9-3 属格字符串填充名词词组的中心词

## 9.3 人类专有名词字符串

### 9.3.1 人类专有名词字符串的成分

人类专有名词字符串用于称谓表达，主要包括以下成分：

1. 头衔

1）荣誉头衔（honor，简称hon）

荣誉头衔是具有光荣名誉的称呼或称号，如"优秀共产党员张明珠"中的"优秀共产党员"、"三八红旗手周嘉秀"中的"三八红旗手"等。有时，荣誉头衔可能不止一个，如"优秀共产党员、三八红旗手赵桂云"，所以，需要对荣誉头衔进一步细化，第一个荣誉头衔用hon1表示，第二个用hon2表示，以此类推。

2）爵位头衔（first title，简称t1）

爵位头衔指的是爵位名称，如"亲王"等。

2. 姓氏（family name，简称fn）

中国的姓氏如"张"、"王"、"李"、"赵"、"欧阳"、"上官"、"尉迟"、"闾丘"等，外国的姓氏如"奥巴马"、"约翰逊"、"肯尼迪"、"洛克菲勒"等。

3. 名字（given name, 简称gn）

汉族人的姓名中大多只含有一个姓和一个名，因此，在句法分析时，可以用gn来表示。然而，欧美等地区的名字比较复杂，需要进一步细分成第一姓前名（first forename, 简称f1）、第二姓前名（second forename, 简称f2）、第三姓前名（third forename, 简称f3）等，如"路易斯·伊纳西奥·卢拉·达席尔瓦"中的"路易斯"是第一姓前名，"伊纳西奥"是第二姓前名，"卢拉"是第三姓前名。

4. 职位（position, 简称pos）

这里的职位包括职位、职称、职业等，如"主席"、"总统"、"经理"、"主任"、"法官"、"老师"、"教授"等。

5. 称谓（second title，简称t2）

称谓是社交场合对他人的称呼，如"先生"、"女士"、"小姐"、"太太"、"夫人"、"大人"、"少爷"、"老爷"、"同志"等。

6. 资格（qualification, 简称qual）

这里的资格指的是学历，如"学士"、"硕士"、"博士"。与荣誉头衔一样，当资格不止一个时，需要进一步细分，第一个资格用qual1表示，第二个资格用qual2表示，以此类推。

7. 昵称/绰号（nickname, 简称nn）

昵称是表示亲近、喜爱含义的称呼，如"小巨人姚明"中的"小巨人"、"奶茶刘若英"中的"奶茶"等。绰号即外号、诨号，如"黑旋风李逵"中的"黑旋风"、"小李广花荣"中的"小李广"等。

8. 其他成分

人类专有名词字符串有时还会有起始语、结束语、连接词、开引号（opening quotation mark, 简称oq）、闭引号（closing quotation mark, 简称cq）、信息单位边界标记（information unit boundary marker, 简称iubm）等，如"——高兆兰教授"中的破折号是起始语，"钱学森教授、李福泽司令员"中的顿号是结束语，"香港理工大学会计及金融学院副教授刘佩琼"中的"及"是连接词，"'优秀共产党员、三八红旗手赵桂云'"中含有开引号和闭引号，其中的顿号是信息单位边界标记。如果信息单位边界标记不止一个，分析时需要细化，第一个信息单位边界标记用 iubm1，第二个用 iubm2，以此类推。

上述成分需要互相组合才能构成人类专有名词字符串，一般来说，一个成分很难独立构成一个字符串，如"一位数学博士"中的"博士"就不是人类专有名词字符串，而是一个由名词说明的中心词。下面是各种各样的人类专有名词字符串：

（1）陈钟博士

（2）钱学森教授

（3）诺曼底公爵威廉

（4）美国总统罗斯福

（5）"沙漠之狐"隆美尔

（6）劳动模范、优秀党支部书记郭志成

图9-4和图9-5是两个人类专有名词字符串的分析图例。

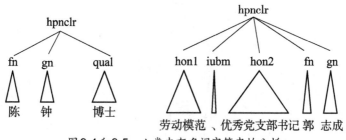

图9-4和9-5　人类专有名词字符串的分析

### 9.3.2　人类专有名词字符串的功能

人类专有名词字符串的功能比较有限，通常填充名词词组的中心词，例如：

（1）细心的周恩来总理

（2）献身科学的居里夫人

（3）我们敬爱的宋庆龄女士

图9-6是人类专有名词字符串填充名词词组中心词的分析方法。

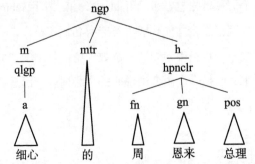

图9-6　人类专有名词字符串填充名词词组的中心词

人类专有名词字符串还可以填充名词词组的后修饰语，如：

（1）人家王磊

（2）歌手张学友

图9-7是对人类专有名词字符串填充名词词组后修饰语的分析。

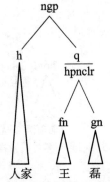

图9-7　人类专有名词字符串填充名词词组的后修饰语

此外，人类专有名词字符串还可以填充属格字符串中的拥有者，例如：

（1）姚明的

（2）李嘉诚的

图9-8是对人类专有名词字符串填充拥有者的分析。

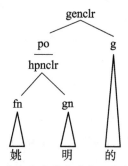

图9-8 人类专有名词字符串填充属格字符串的拥有者

# 9.4 地址字符串

### 9.4.1 地址字符串的成分

地址字符串（address cluster，简称adclr）是用来表示地址的语法单位，一般包括以下成分：

1. 国家（state，简称st）

国家指国家名称，如"英国"、"美国"、"中华人民共和国"等。

2. 省（province，简称pr）

这里的"省"还包括自治区，如"山东省"、"辽宁省"、"内蒙古自治区"、"西藏自治区"等。从行政区划上看，"北京"、"上海"等直辖市与省、自治区同级。

3. 市（city，简称ci）

"市"指城市名称，如"济宁市"、"青岛市"。

4. 区/县（county，简称co）

"区/县"指区、县及其他同级的行政区域名称，如"海淀区"、"密云县"、"闵行区"、"崇明县"等。

5. 乡/镇/街道（town，简称to）

"乡/镇/街道"指乡、镇、街道及其他同级的行政区域名称，如"纪王场乡路营村"中的"纪王场乡"、"丁当镇永安里屯"中的"丁当镇"、"长宁区天山路街道"中的"天山路街道"等。

6. 村（village or suburb，简称vi）

这里的"村"涵盖屯、寨等，如"纪王场乡路营村"中的"路营村"、"丁当镇永安里屯"中的"永安里屯"、"南塔镇南山寨"中的"南山寨"等。

7. 路（road，简称rd）

这里的"路"是一个宽泛概念，包括路、街、巷、弄、大道、大街等，如"府城<u>街</u>二<u>条</u>"、"长盛<u>路</u>北五<u>巷</u>"、"殷高<u>路</u>21<u>弄</u>"、"白云<u>大道</u>"、"朝阳门<u>大街</u>"等中的画线部分。

8. 道路号码（road number，简称rdno）

道路号码是道路的具体号码，如"学院路30号"中的"30号"。

9. 1）住宅名称（house name，简称hona）

这里的住宅主要是指西方居民的居住单位，如"梅塘别墅"、"葛岭别墅"等。

2）公寓（flat name，简称fl）

这里的公寓涵盖了公寓、单元楼、单位楼、住宅楼等，如"青年公寓"、"丽波单元楼"、"丰顺小区"、"罗马花园"等。

3）大厦名称（building name，简称bu）

这里的大厦涵盖大楼、写字楼等非住宅性建筑物，如"金茂大厦"、"金延大楼"、"仟宸商务楼"等。

10. 1）住宅号码（house number，简称hono）

住宅号码是住宅的具体号码，如"牛津别墅三号"中的"三号"，"国家别墅七号"中的"七号"、"费班克别墅十三号"中的"十三号"等。

2）公寓号码（flat number，简称flno）

公寓号码是指具体的公寓楼号码，如"诸葛庙小区7栋"中的"7栋"，"静泊山庄10号楼"中的"10号楼"等。

3）楼层号码（floor number，简称flo）

楼层号码是办公楼、写字楼等的楼层号码，如"蓝岛大厦三层"中的"三层"、"胡佛大厦五楼"中的"五楼"等。

11. 单元号码（unit number，简称uno）

单元号码是公寓楼中的某一具体的单元号码，如"诸葛庙小区7栋1单元"中的"1单元"等。

12. 房间号码（room number，简称rno）

房间号码是公寓楼中的某一具体的房间号码，如"诸葛庙小区7栋1单元4号"中的"4号"等。

13. 组织名称（organization，简称org）

组织名称包括公司、学校、机构、团体等，如"清华大学"、"恒生投资管理有限公司"、"商务印书馆"等。

14. 部门名称（department，简称dep）

部门是组织下的一个机构，如"清华大学建筑学院"中的"建筑学院"、"商务印书馆美术部"中的"美术部"等。

15. 子部门名称（sub-department，简称sdep）

子部门是部门下的一个机构，如"清华大学建筑学院城市规划系"中的"城市规划系"、"文化部文化产业司广东省文化厅"中的"广东省文化厅"等。

16. 信箱号码（post office box number，简称pob）

信箱号码是信箱的具体号码，如"8717信箱"、"984信箱"、"113号信箱"等中的"8717"、"984"、"113号"。

17. 邮编（post code，简称pc）

邮编指具体的邮政编码，如"100083"、"310027"、"430062"等。

18. 地址选择语（address selector，简称vad）

地址选择语与名词词组中的选择语类似，表示的是从一个较大的地址范围内选择一个较小的地址出来，用"的"字说明，如"海淀区的永定路"中的"的"。

19. 其他成分

地址字符串有时还会包含起始语、结束语、连接词、信息单位边界标记等，如"邮编：100083"中的冒号是起始语，"辽宁省沈阳市、内蒙古自治区敖汉旗"中的顿号是结束语,"山东省青岛市和即墨市"中的"和"是连接词,"海淀区清华园1号,100084"中的逗号是信息单位边界标记。

以下是上述成分组成的地址字符串:

(1)中国北京市西城区

(2)长春市创业大街17号

(3)香港大学医学院内科学系

(4)北京北四环中路229号海泰大厦

图9-9是对例(4)的分析。

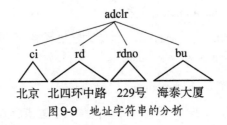

图9-9　地址字符串的分析

### 9.4.2　地址字符串的功能

地址字符串主要填充名词词组的中心词,例如:

(1)济南市舜玉小区

(2)中国商务部外资司

(3)浙江常山县溪口乡桥亭村

(4)冬日的巴黎香榭丽舍大街

图9-10是对例(4)的分析。

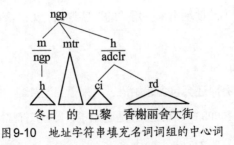

图9-10　地址字符串填充名词词组的中心词

## 9.5　日期字符串

### 9.5.1　日期字符串的成分

日期字符串（date cluster, 简称dtclr）是表达日期的语法单位，通常包含以下成分：

1.年份（year，简称yr）

年份的表达如"1957年"、"一九八〇年"、"二零一零年"、"公元79年"、"公元前200年"、"天宝十年"等。

2.季节（season，简称se）

季节的表达如"春"、"春季"、"春天"、"春末"、"初冬"、"立夏"、"立冬"等。

3.月份（month，简称mnth）

汉语的月份表达如"一月"、"五月"、"3月"、"12月"、"正月"、"腊月"等。

4.日期（month day，简称md）

日期的表达如"2日"、"8日"、"12号"、"24号"、"初一"、"十五"等。

5.星期（week day，简称wd）

星期的表达如"星期一"、"星期日"、"周二"、"周日"、"礼拜三"、"礼拜四"等。

6.日期选择语（date selector，简称vda）

日期选择语与地址选择语类似，表示的是从一个较大的日期范围内选择一个较小的日期出来，用"的"字说明，如"1987年的春天"中的"的"。

7.其他成分

日期字符串还包括起始语、结束语、连接词、信息单位边界等，如"时间：一九三二年、一九三三年、一九三四年。"中的冒号是起始语，句号是结束语，顿号是信息单位边界标记，"1月29日和2月11日"中的"和"是连接词。

以下是各种日期字符串：

（1）2002年的夏天

（2）1993年腊月初三

（3）六月十七日礼拜四

（4）公元622年7月16日

（5）24日星期六和25日星期日

（6）洪宪元年阴历正月二十九日

图9-11是对例（6）的分析。

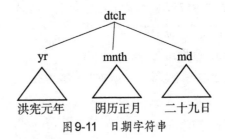

图9-11　日期字符串

### 9.5.2　日期字符串的功能

日期字符串主要填充的是名词词组的中心词，例如：

（1）<u>1927年8月1日</u>

（2）<u>一九九八年的春天</u>

（3）<u>六月十七日礼拜四那天</u>

（4）那永远难忘的<u>1958年10月</u>

图9-12是对例（3）的分析。

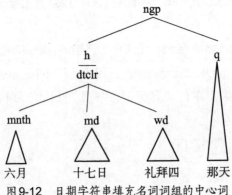

图9-12　日期字符串填充名词词组的中心词

## 9.6 电话号码字符串

### 9.6.1 电话号码字符串的成分

电话号码字符串（telephone number cluster，简称 telclr）是表达电话号码的语法单位，通常包含以下成分：

1. 国际冠码（international dialing number，简称int）

国际冠码又叫国际字冠，是指在某国拨打国际电话时需在电话号码之前加拨的一组代码，如中国的国际冠码是"00"、美国的国际冠码是"011"。

2. 国家代码（national number，简称nat）

国家代码表示一个国家或地区的电话代码，如中国的代码是"86"、英国的是"44"、澳大利亚的是"61"。

3. 地区代码（area code number，简称arno）

城市代码即区号，如北京是"010"、上海是"021"、天津是"022"、厦门是"0592"。

4. 当地号码（local number，简称loc）

当地号码就是所要拨打的用户号码，如北京地铁热线"68345678"就是当地号码。

5. 分机（extension，简称ext）

分机是指分机号码，如"转260"等。

6. 其他成分

电话号码字符串还包括起始语、结束语、连接词、信息单位边界标记等成分，如在"联系电话：020–8411166或84036491"中，冒号是起始语，"或"是连接词，"–"是信息单位边界，"电话：5107231、5161273"中的顿号是结束语。此外，电话号码中的括弧可以分析成前括弧（opening bracket，简称ob）和后括弧（closing bracket，简称cb）。

以下是各种电话字符串：

（1）（022）4743100–439

（2）0571–7951349

（3）（8610）62753102

（4）0086–21–65160064

图9-13是对例（1）的分析。

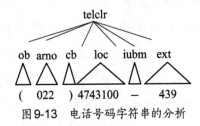

图9-13　电话号码字符串的分析

### 9.6.2　电话号码字符串的功能

电话号码字符串主要填充的是名词词组的中心词，如：

（1）（电话是）010–62252000

（2）（电话号码为）020–36066999

图9-14是对例（1）的分析。

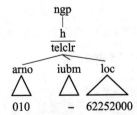

图9-14　电话号码字符串填充名词词组的中心词

此外，电话号码字符串还可以填充名词词组的具化语，如：

（1）服务热线"95533"

（2）热线电话2267000

图9-15是对例（1）的分析。

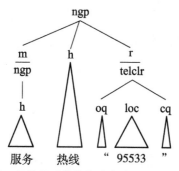

图9-15 电话号码字符串填充名词词组的具化语

## 9.7 小结

本章主要介绍了字符串的成分和功能。

字符串可分为属格字符串、人类专有名词字符串、地址字符串、日期字符串和电话号码字符串等多种。

属格字符串主要包括两个成分：拥有者和属格成分。拥有者可由名词、代词说明，也可由名词词组填充。属格成分由"的"字说明（图9-16是对属格字符串的成分汇总）。属格字符串可填充名词词组中的指示限定词和中心词。

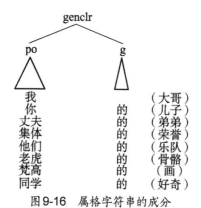

图9-16 属格字符串的成分

其他字符串所包含的成分比较多，但相对简单，不再赘述。它们的功能比较单一，主要填充的是名词词组的中心词。此外，人类专有名词字符串还可填充名词词组中的后修饰语和属格字符串中的拥有者，电话号码字符串还可填充名词词组中的具化语。

## 练 习

1.下列字符串都是属格字符串，请根据例子画出它们的句法分析图。

　　　例：爷爷的

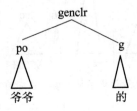

　　（1）我和妹妹的

　　（2）群众自己的

　　（3）学校老师的

　　（4）人民政府的

　　（5）孙中山先生的

　　（6）他的三个朋友的

2.下列字符串都是人类专有名词字符串，请根据例子指出画线部分的成分名称。

　　　例：李政道<u>教授</u>（职位）

　　（1）"<u>飞人</u>"迈克尔·乔丹

　　（2）美国前总统乔治·<u>布什</u>

　　（3）<u>中央书记处书记</u>毛泽东

　　（4）湖北省<u>先进工作者</u>龚克华

　　（5）新闻部经理布莱恩·克利尔先生

　　（6）陆军元帅奥古斯都·<u>冯</u>·格奈森瑙伯爵

3.下列字符串包括地址、日期、电话号码字符串，请根据例子指出画线部分的成分名称。

　　　例：1947年<u>秋季</u>（季节）

（1）美国<u>纽约</u>103街

（2）0712–230435<u>转239</u>

（3）七九年<u>的</u>十二月六号

（4）<u>020</u>–84111686或84036491

（5）<u>至元三十一年</u>正月廿二

（6）国电集团公司<u>生产经营部</u>

# 第十章
# 非连续现象的类型和成因

## 10.1　引言

　　一般来说，一个语法单位中各成分之间的关系非常紧密，它们往往根据就近原则按照正常的顺序出现，构成一个连续的语法单位。然而，当一个语法单位中的成分由于某种原因而分离，成分中间介入了其他语法单位的成分时，这个语法单位就是一个非连续的语法单位，这种现象叫作非连续现象。

　　非连续现象主要发生在名词词组、性质词组、数量词组及介词词组中。此外，小句层次上也存在非连续现象。

　　导致非连续现象的原因有两个——句法单位生成过程中三原则的冲突和语言的表达习惯。

## 10.2　非连续现象的类型

　　非连续现象多见于名词词组之中，有时也存在于性质词组、数量词组、介词词组以及小句之中。

### 10.2.1　名词词组中的非连续现象

　　名词词组中的非连续现象主要有两类：一类是具化语的非连续；一类是后修饰语的非连续。

　　在名词词组中，具化语一般位于中心词的前面或后面，由名词词组或小句填充。不过，有的时候具化语会因为其他语法单位成分的介入而与名词词组的其他成分分开，产生非连续现象，例如：

（1）许多问题（要解决）：思想认识问题、技术力量问题、纸张经费问题……

（2）三种蒸汽汽车（出现），即美国的"洛科莫比尔"、"格劳特"和英国的"克拉克森·卡佩尔"

例（1）中的名词词组包括数量限定词"许多"、中心词"问题"、起始语"："和具化语"思想认识问题、技术力量问题、纸张经费问题……"。其中，起始语和具化语因为小句操作词"要"和谓体"解决"的介入而与数量限定词和中心词分离，产生了非连续现象。例（2）的名词词组包括类型限定词"三种"、前修饰语"蒸汽"、中心词"汽车"、结束语"，"、起始语"即"以及具化语"美国的'洛科莫比尔'、'格劳特'和英国的'克拉克森·卡佩尔'"。其中，起始语和具化语因为小句谓体"出现"的介入而与名词词组的其他成分分开，因而产生了非连续现象。图10-1是对例（1）的分析。

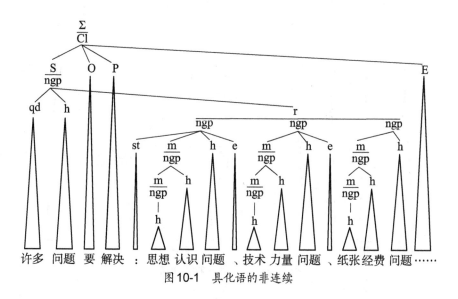

图10-1 具化语的非连续

此外，当后修饰语表示举例时也会发生非连续现象，例如：

（1）种类（很多），如棕熊、白熊、黑熊。

（2）外部的困难（还很多），如体制的困扰，经济的困扰，市场经济的冲击和多元文化的竞争等。

（3）有的金属（相当硬，不容易变形），如铬、钨、钒、钽等。

在例（1）中，由于名词词组所在的小句谓体"很多"的介入，中心词"种类"和后修饰语"如棕熊、白熊、黑熊"分离，产生了非连续现象，见图10-2。在例（2）中，小句谓体"还很多"使名词词组的成分产生了分离，后修饰语"如体制的困扰，经济的困扰，市场经济的冲击和多元文化的竞争等"远离中心词"困难"、前修饰语"外部"以及前修饰语触发语"的"，产生了非连续现象。而在例（3）中，将后修饰语"如铬、钨、钒、钽等"与名词词组其他成分——即中心词"金属"和指示限定词"有的"分离的是两个小句"相当硬"和"不容易变形"。

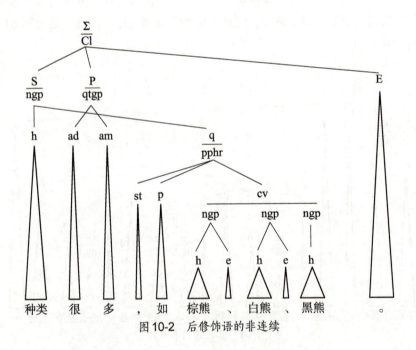

图 10-2　后修饰语的非连续

### 10.2.2 性质词组中的非连续现象

性质词组中的非连续现象主要是性质词组中完成语与其他成分发生分离，导致了非连续现象，多见于"如此……以致（于）"这样的结构，例如：

（1）如此严重（的大气污染）以致酸雨猖獗

（2）如此大（的仇恨）以致要去谋害他

（3）如此强大（的引力场）以致于连光线都不能逃逸

上述例子都属于名词词组，中心词分别是"污染"、"仇恨"和"引力场"，前修饰语都由"如此+中心词（……）+以致（于）……"这种形式的性质词组填充。由于名词词组中心词及前修饰语触发语"的"字的介入，性质词组中的中心词和强调调节词"如此"与完成语"以致（于）……"发生了分离，产生了非连续现象，具体见图10-3对例（1）的分析。

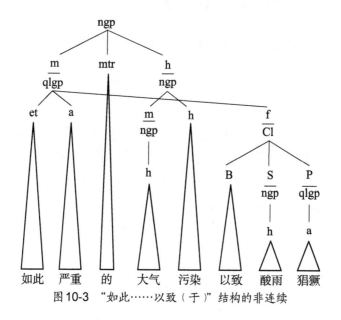

图10-3 "如此……以致（于）"结构的非连续

此外，像"比……"这样的完成语有时也会与性质词组中的其他成分分离，产生非连续现象，如在"她比以前变得和善了"这一句中，性质词组"比以前（变得）和善"是由于小句谓体"变得"的介入而导致了非连续，见图10-4。

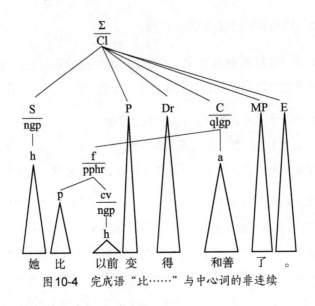

图 10-4 完成语 "比……" 与中心词的非连续

### 10.2.3 数量词组中的非连续现象

数量词组中也存在非连续现象,即量额与调节项的分离,如:

(1)10万(个)左右

(2)二十(岁)上下

例(1)中的量额由 "10万" 填充,调节项由 "左右" 填充,由于名词词组中中心词 "个" 的介入,量额和调节项发生了非连续现象。例(2)中量额是 "二十",调节项是 "上下",由于名词词组中中心词 "岁" 的介入,量额和调节项发生了非连续现象,见图10-5:

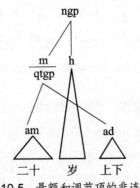

图 10-5 量额和调节项的非连续

有时，数量词组的调节项会与数量词组的其他成分分离，出现在小句谓体的前面，产生非连续现象，如：

（1）大约（走了）20米

（2）至少（等了）十五秒钟

（3）差不多（喝了）一瓶

在上述例子中，由于谓体和助动词的介入，调节项"大约"、"至少"以及"差不多"与量额分离，导致了非连续，见图10-6。

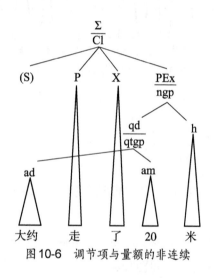

图10-6 调节项与量额的非连续

另外，当数量词组的强调完成语由小句填充时，也会出现非连续现象，如在"（战斗的双方都犯了）如此多（的错误，）以致那些战争不能称为战争"中，由于名词词组中心词的介入，"以致那些战争不能称为战争"这个强调完成语与量额和调节项发生分离，产生了非连续现象，见图10-7。

### 10.2.4 介词词组中的非连续现象

在介词词组中，当介谓体调节词由名词词组填充时，由于上一级单位中介词补语的介入，介谓体与介谓体调节词发生分离，产生非连续现象，如：

（1）在（下方）二十米

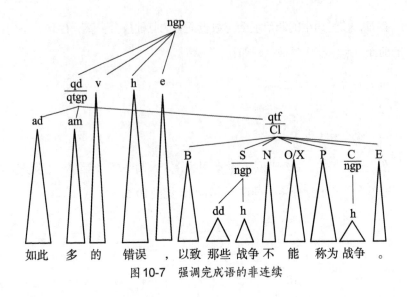

图 10-7　强调完成语的非连续

（2）朝（南）二十里

（3）向（西）100多米

（4）距（今）约6000年

在上述例子中，调节词均由名词词组填充，由于介词补语"下方"、"南"、"西"和"今"的介入，介词"在"、"朝"、"向"和"距"与调节词"二十米"、"二十里"、"100多米"和"约6000年"分离，导致了非连续。有关例（1）的具体分析，参见图10-8。

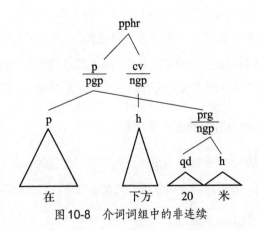

图 10-8　介词词组中的非连续

### 10.2.5　小句层次上的非连续现象

在小句层次上，由于插入语的介入，引语中会出现非连续现象，如：

（1）"幸好，"她说，"今天有空位子。"

（2）"我忙，"他说，"晚上去我家！"

在例（1）中，引语部分是整个小句的补语，由语篇（text）"'幸好……今天有空位子'"填充，该语篇又由开引号1（Opening Quotation Mark 1，简称OQ1）、闭引号1（Closing Quotation Mark 1，简称CQ1）、开引号2（Opening Quotation Mark 2，简称OQ2）、闭引号2（Closing Quotation Mark 2，简称CQ2），以及小句组成。以例（1）为例，由于主语"她"和谓体"说"的介入，导致了引语小句的非连续，见图10-9。

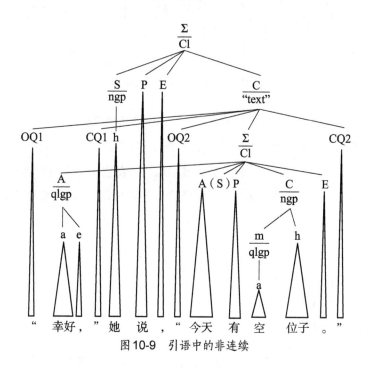

图10-9　引语中的非连续

例（2）的非连续现象与例（1）类似，也是由于引语部分插入了主语和谓体。不同的是，例（2）的补语要比例（1）复杂，填充它的语篇是两个并列小句"我忙"和"晚上去我家",见图10-10。

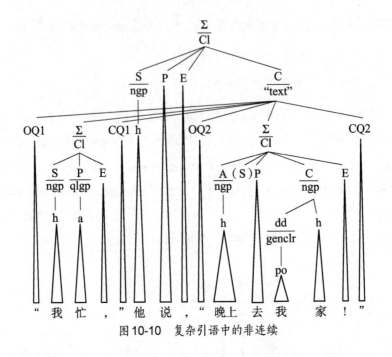

图10-10 复杂引语中的非连续

此处就谓体和谓体延长成分之间的毗邻与分离问题加以说明。

如第三章所述,小句层次上的谓体表达过程意义,是小句最核心的成分,谓体延长成分用来帮助谓体完成过程意义的表达,是对谓体的延伸和补充,所以,小句中凡是有谓体延长成分的,该谓体和谓体延长成分通常都是毗邻的,例如:

(1)他拉过来一把椅子。

(2)你别上她的当。

(3)我可事先说明白。

(4)别闷在心里!

例(1)的谓体是"拉",谓体延长成分由形式项"过来"说明;例(2)的谓体是"上",谓体延长成分由名词词组"她的当"填充;例(3)的谓体是"说",谓体延长成分由性质词组"明白"填充;例(4)的谓体是"闷",

谓体延长成分由介词短语"在心里"填充。由此可见，无论谓体的延长成分是由形式项说明，还是由词组或短语填充，其位置都比较固定，都是紧贴在谓体之后，如图10-11所示。

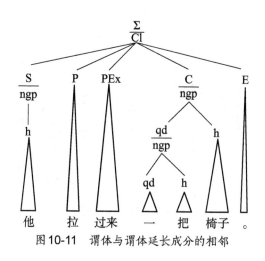

图10-11 谓体与谓体延长成分的相邻

然而，谓体和谓体延长成分有时是可以分离的，这种情况下的谓体延长成分通常都是表示趋向性的动词，例如下面句子的画线部分：

（1）他拉一把椅子<u>过来</u>。

（2）好多同学都不到学校<u>来</u>。

此处例（1）与上文例（1）"他拉过来一把椅子"表达的意义是一样的，但形式上却有差别，这里的谓体"拉"和谓体延长成分"过来"由于补语"一把椅子"的介入而产生了分离。例（2）的谓体"到"和谓体延长成分"来"也是由于被插进了补语"学校"而产生了分离，但例（2）的谓体延长成分不似例（1）那么灵活，由于汉语的表达习惯，它与谓体的分离是必需的。与典型的谓体与谓体延长成分在位置上的分布情况相比，这两类中的谓体与谓体延长成分是分离的，类似于非连续现象，但却不是真正意义上的非连续。因为真正意义上的非连续都是在组成同一单位的两个成分被其他成分打断的情况下而形成的，在画图上表现为表示"组成"关系的直线与表示"说明"关系的三角形的交叉。然而，谓体和谓体延长成分虽然由其他成

223

分隔开，也都是小句的两个组成成分，但在画图上却没有出现直线与三角形的交叉（如图10-12），所以并不能算作真正意义上的非连续。

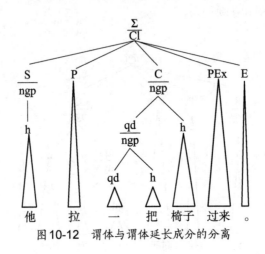

图10-12 谓体与谓体延长成分的分离

## 10.3 非连续现象的成因

非连续现象产生的原因主要有两个：一是句法单位生成过程中三原则的冲突；二是语言的表达习惯。

首先是句法单位生成过程中三原则的冲突。句法单位在生成时有三个原则：原则一，当前的句法单位生成完毕后才可继续生成下一个单位；原则二，尽快生成该单位的中心成分或领头词；原则三，把最重要的信息置于该单位末端的尾重原则。如果原则二和原则三与原则一发生矛盾，就会产生非连续现象，名词词组、性质词组以及数量词组强调完成语的非连续现象都属于这一类。例如，在"许多问题（要解决）：思想认识问题、技术力量问题、纸张经费问题……"中，"思想认识问题、技术力量问题、纸张经费问题……"是具化语，本应紧跟在名词词组中心词"问题"的后面，但却被谓体"要"和补语"解决"分离开来。显然，三个原则发生了冲突，并且原则二和原则三的合力大于原则一，于是，这个名词词组还没有完全生成就出现了小句的中心成分谓体和补语，含有大量信息的具化语被移到了末端，非连续现象得以产生。

其次，语言的表达习惯。汉语的一些表达习惯为一些成分的介入提供了可能。例如，在数量词组中，当调节项由"左右"、"上下"等说明时，由于汉语的表达习惯，中心词经常介入量额和调节项之间，从而导致了非连续现象的产生。

## 10.4　小结

本章主要介绍了非连续现象的类型和成因。

非连续现象在汉语中比较普遍，既存在于词组层面，也存在于小句层面。词组层面的非连续现象主要体现为名词词组中具化语、后修饰语的非连续，性质词组中完成语与其他成分的非连续，数量词组中量额、调节项和强调完成语分别与其他成分分离所产生的非连续，介词词组中介谓体与介谓体调节词的非连续。小句层面主要体现在小句引语的非连续以及谓体与谓体延长成分的类似非连续现象。

导致非连续现象的原因有两个，即句法单位生成过程中三原则的冲突以及语言的表达习惯。其中，由于句法单位生成过程中三原则的冲突而导致的非连续在名词词组和性质词组中比较常见，而由于汉语的某些表达习惯而引起的非连续多见于数量词组、介词词组以及含有引语的小句中。

## 练　习

1. 请根据例子标出下列语法单位中的非连续成分。

　　例：二十岁上下

（1）万把斤

（2）奇迹出现：肝功能正常

（3）他的爱好是不少，如集邮、游泳、唱卡拉OK

2. 请根据例子指出下列非连续现象的类型。

　　例："替我拾起来，"她说，"真美。"（小句中的非连续现象）

　（1）两万多块

　（2）离巢1600多千米

　（3）太多的辈，以至于现在受到这样的对待

　（4）我喜欢的人不胜枚举，如：多明戈、卡雷拉斯、拉斐尔等等。

3. 请根据例子画出下列非连续现象的句法分析图。

　　例：水果很多，如苹果、香蕉等。

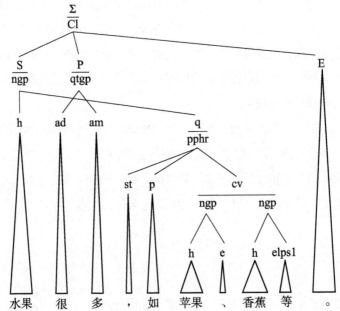

　（1）种类很多，如龙井、大方等。

　（2）两件事暴露了你：这本书和你自己。

# 第十一章
# 句法分析概览

## 11.1 引言

前几章依次介绍了现代汉语中小句、名词词组、性质词组、数量词组、介词短语、介词词组、连接词词组和字符串的句法结构和句法功能。作为最后一章，本章将着眼于汉语简单小句和复合小句的整体句法分析，一方面作为对之前章节的回顾，另一方面也希望能够为今后的句法分析提供借鉴。

## 11.2 简单小句的句法分析

根据有无嵌入现象，简单小句可以分为非嵌入式简单小句和嵌入式简单小句。非嵌入式简单小句有且仅有一个谓体，没有任何的嵌入现象，因而它的句法结构也是最简单的；嵌入式简单小句是指包含嵌入现象的简单小句（即嵌入句充当上一级单位的某个成分），如下文例（1）是非嵌入式简单小句，例（2）是嵌入式简单小句。对两个例句的分析分别见图11-1和图11-2。

（1）我喜欢那个地方。
（2）我希望你知道密码。

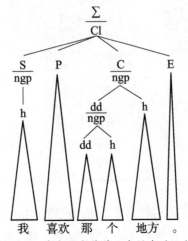

图 11-1 非嵌入式简单小句的句法分析

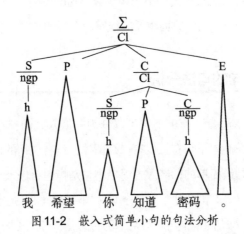

图 11-2 嵌入式简单小句的句法分析

　　而嵌入式简单小句又有两种划分标准：一是根据嵌入句在上一级简单小句中充当的句法成分进行划分，二是根据嵌入的方式进行分类。

　　根据嵌入句在上一级简单小句中充当的句法成分，嵌入式简单小句包括以下四种情况：

　　1. 嵌入句充当主语成分，如"喜欢一个人是件痛苦的事"（详细分析见图11-3）；

　　2. 嵌入句充当谓体成分，如"他性格内向。"（详细分析见图11-4）；

　　3. 嵌入句充当补语成分，如"我认为她们都很漂亮"（详细分析见图11-5）。

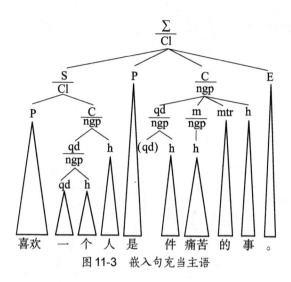

图11-3 嵌入句充当主语

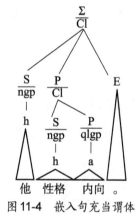

图11-4 嵌入句充当谓体

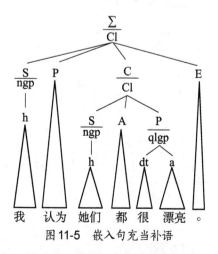

图11-5 嵌入句充当补语

4. 嵌入句充当状语成分，如"<u>看见我</u>，他很高兴。"（详细分析见图11-6）；

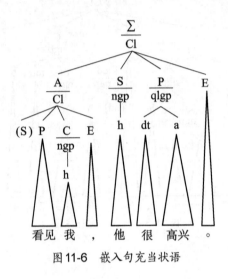

图 11-6　嵌入句充当状语

　　根据嵌入的方式，嵌入式简单小句可分为线性嵌入式简单小句和非线性嵌入式简单小句。

　　1. 线性嵌入式简单小句是指在一个简单小句中，至少有两个嵌入句处于并列关系之中，如"我觉得<u>我们吃饭是为了活着</u>，<u>可活着不是为了吃饭</u>"（详细分析见图11-7）。

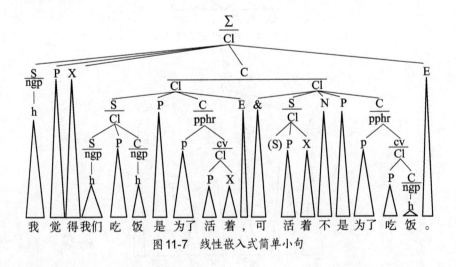

图 11-7　线性嵌入式简单小句

2. 非线性嵌入式简单小句是指在一个简单小句中，至少有一个嵌入句嵌入在另一个嵌入句当中，如"他说，他喜欢用后者。"（详细分析见图11-8）

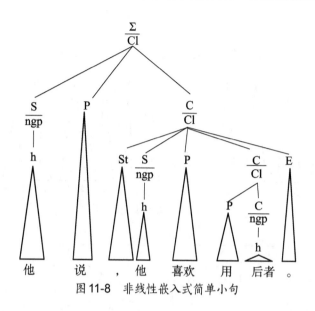

图 11-8 非线性嵌入式简单小句

## 11.3 复合小句的句法分析

一个复合小句中至少包含两个处于并列关系之中的简单小句。复合小句的划分也有两种标准：一个标准是复合小句中各个并列关系小句之间的语义关系，另一个标准是复合小句中是否出现了嵌入现象。

根据复合小句中各个并列关系小句之间的逻辑语义关系，复合小句可进一步分为阐述型、延展型和增强型。

1. 阐述型复合小句是指其中一个并列关系小句是对另一个并列关系小句的重述、解释、评论或例示，如"大家无非是想致富，这符合中央精神。"（详细分析见图11-9）

2. 延展型复合小句是指其中一个并列关系小句对另一个并列关系小句进行意义上的增加、承接、对照或选择，如"他不仅没有真正的自信心，而且在遇到困难时也很容易动摇。"（详细分析见图11-10）；

3. 增强型复合小句是指其中一个并列关系小句为另一个并列关系小句提

供一定的环境成分，比如时间、地点、原因、条件、转折等，如"他没上过一天学，却成了一名优秀的作家。"（详细分析见图11-11）

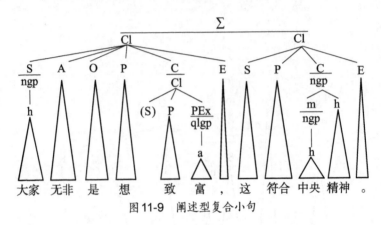

图11-9 阐述型复合小句

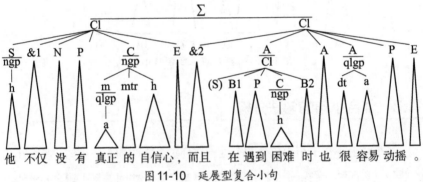

图11-10 延展型复合小句

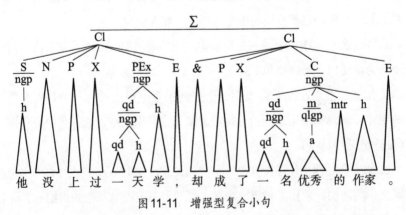

图11-11 增强型复合小句

根据复合小句中是否出现了嵌入句，复合小句又可进一步分为非嵌入式复合小句和嵌入式复合小句。

1. 非嵌入式复合小句是指复合小句中没有任何的嵌入现象，只是两个或两个以上的简单小句处于相互并列的关系之中，如"我爱他，他也爱我"（详细分析见图11-12）。

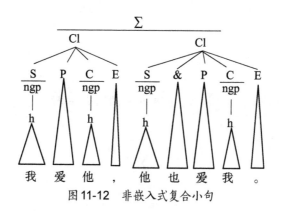

图 11-12　非嵌入式复合小句

2. 嵌入式复合小句是指复合小句中出现嵌入的现象，如"他喜欢听京剧，也喜欢唱京剧"（详细分析见图11-13）。

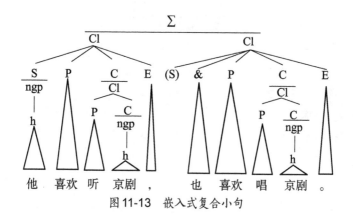

图 11-13　嵌入式复合小句

## 11.4　小结

本章主要对不同类型的简单小句和复合小句进行了具体的句法分析。

对简单小句的分析包括对非嵌入式简单小句，嵌入句充当主语成分的嵌入式简单小句，嵌入句充当谓体成分的嵌入式简单小句，嵌入句充当补语成分的嵌入式简单小句，嵌入句充当状语成分的嵌入式简单小句，线性嵌入式简单小句以及非线性嵌入式简单小句的分析。

　　对复合小句的分析包括对阐述型复合小句、延展型复合小句、增强型复合小句、非嵌入式复合小句和嵌入式复合小句的分析。

## 练　习

1.请根据例子画出下列非嵌入式简单小句的句法分析图。

　　例：**我爱他。**

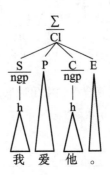

　　（1）下雨了。

　　（2）我喜欢苹果!

　　（3）老师不在教室。

　　（4）明天你来吗?

　　（5）你会跑吗?

　　（6）我不敢相信了。

2.请根据例子画出下列嵌入式简单小句的句法分析图。

　　例：**我希望他不来。**

　　（1）我相信他是好人。

　　（2）喝酒是恶习。

　　（3）他身体硬朗。

　　（4）我喜欢开玩笑。

　　（5）看见他，我着实吓了一跳。

（6）由于天气恶劣，搜救行动面临很大困难。

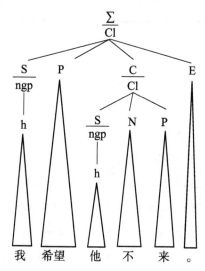

3. 请根据例子画出下列复合小句的句法分析图。

例：他讨厌改变，也抗拒改变。

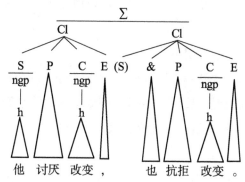

（1）他一边流着泪，一边甩着头发。

（2）我喜欢这海风，也喜欢这天空。

（3）我不想见到你，也不想跟你说什么。

（4）他不但烟酒不沾，也不爱玩儿。

（5）北斗七星不仅能帮助人们判断方向，而且能指示不同的季节。

（6）这样既节省了时间和燃料，又减少了城市污染、噪音和交通事故。

# 答案

第一章

1.

（1）系统功能语言学

（2）韩礼德（M. A. K. Halliday）

（3）悉尼语法和加的夫语法

（4）福塞特（R. P. Fawcett）、塔克（G. H. Tucker）

（5）《功能语法导论》（*An Introduction to Functional Grammar*）

（6）《系统功能语言学句法理论》（*A Theory of Syntax for Systemic Functional Linguistics*）

2.

（1）单位类别、结构成分和形式项

（2）小句、名词词组、性质词组、数量词组、介词短语、介词词组、连接词词组

（3）组成、填充、说明和重合

（4）组成关系指句法单位及其成分之间的部分与整体的关系。

（5）填充关系指结构成分及充当该成分的句法单位之间的关系。

（6）说明关系指句法结构成分和形式项之间的关系。

3.

（1）（小句）她诚实吗?

（2）（名词词组）明天的中国

（3）（性质词组）很美好

（4）（数量词组）很多

（5）（介词短语）在太空

（6）（属格字符串）小明的（行李）

## 第二章

1.

（S）明天下午，"强民之友"足球队将在荔湾体育场首战广州工人队。

（S）为了控制古巴，苏联是不惜工本的。

（C）目前，这个厂不仅与外贸部门联营，而且积极发展同农村联营。

（S）他说，你这病不要紧，只要安心静养。

（C）我们不仅要看到农业生产的大好形势，还要看到我省农业潜伏着的问题。

（S）只有最大限度地争取和团结一切可以团结的人，才能真正孤立、揭露和打击极少数坏人。

2.

（1）（B）鉴于淮河上游未来雨势趋于减小，会议决定6月15日8时王家坝开闸分洪。

（2）（L）一来可以反映出六位编辑的不同性格，二来可以告诉人们谣言的危害。

（3）（B）为了提高操作水平，小吴每天提前半小时上班，回家天天攻读日语、英语。

（4）（L）学生的智力既包括知识，也包括独立思考、独立工作和创造发明的能力。

（5）（L）毛泽东同志说："中国革命的全部结果是：一方面有资本主义因素的发展，又一方面有社会主义因素的发展。"

（6）（L）是恭恭敬敬拜群众为师，把自己放在小学生的位置上；还是认为自己是报社来的，见的世面大，自命不凡，钦差大臣满天飞。

3.

（1）为了防止偷窃和便于相互照顾，一般做法是十几户自留地集中于一处，平时也可雇请一二位老人代为看管。

（2）另一方面，也有些研究工作者以为只要说明了基础，就可以不去具体地研究上层建筑的问题。

（3）这<u>不仅因为</u>冯德麟拥有武力，怕"打下去没有把握"，或两败俱伤；<u>而且因为</u>冯德麟是老亲日派，怕与冯开仗引起日本干涉。

（4）<u>为了</u>坚持这种一致性，毛泽东要求各级领导者<u>既要</u>领会党的路线、方针和政策以及上级指示的精神实质，<u>又要</u>倾听群众的呼声，创造性地把上级指示和群众的实际情况结合起来贯彻执行。

（5）澳大利亚悉尼歌舞剧院，人们更把它誉为一首正在演奏着的交响乐曲，这<u>既因为</u>她本身是为音乐、歌舞而建造的，<u>也因为</u>她那白色的贝壳似的建筑，在大海碧波的辉映下显得格外奇丽。

（6）这<u>不仅由于</u>建行长期以来管理着国家固定资产投资拨款和贷款，积累了丰富的项目管理经验，<u>而且在于</u>建设银行有遍布全国的分支机构，具有聚集、分配和调节全社会固定资产投资的信用功能，<u>并且</u>是投资领域里的结构中心。

## 第三章

1.

（1）我真<u>羡慕</u>小唐这两口子！

（2）他<u>是</u>教授，我<u>是</u>学生。

（3）明天<u>周末</u>，我们可以晚一点起嘛！

（4）参赛运动员<u>年纪轻</u>、成绩好。

（5）今天的报纸<u>你看了</u>吗？

（6）她<u>身体弱</u>，<u>气力小</u>。

2.

（1）我<u>相信</u>他的态度十分清楚。（C）

（2）你说<u>清楚</u>。（PEx）

（3）因此，<u>在大树的周围</u>有许多丛生着的幼树。（S）

（4）<u>澳门的圣诞夜比他们想象中的更美更热闹</u>。（P）

（5）<u>当他去了美国之后</u>，我赢得了一个锦标赛冠军。（A）

（6）<u>但是</u>，在浩瀚无垠的恒星世界里，太阳只是普通的一员。（&）

3.

（1）1994年，77岁的他，<u>身体很好</u>。（P）

（2）在中国，<u>夸耀自己</u>是件很恶劣的事。（S）

（3）一直以来他认为<u>我是一个非常坚强非常自我的女孩</u>。（C）

（4）<u>离开小酒馆</u>，我们在路上慢悠悠地走着。（A）

（5）<u>我爱的</u>（h）

（6）为了<u>方便吴琼的工作</u>（cv）


## 第四章

1.

（1）三个<u>红辣椒</u>　　　　　　（中心词）

（2）最<u>冷的</u>时候　　　　　　（选择语）

（3）一个<u>聪明</u>人　　　　　　（前修饰语）

（4）历史的<u>长河</u>　　　　　　（后修饰语）

（5）这女同学<u>自己</u>　　　　　（后修饰语）

（6）<u>用暴力解决分歧</u>的做法　　（具化语）

2.

（1）<u>第五</u>章　　　　　　　　（序数限定词）

（2）<u>最佳</u>新人　　　　　　　（最高级限定词）

（3）<u>四样</u>珍品　　　　　　　（类型限定词）

（4）<u>二百斤</u>小米　　　　　　（数量限定词）

（5）<u>一半的</u>款项　　　　　　（比例限定词）

（6）<u>这堆</u>石头　　　　　　　（指示限定词）

3.

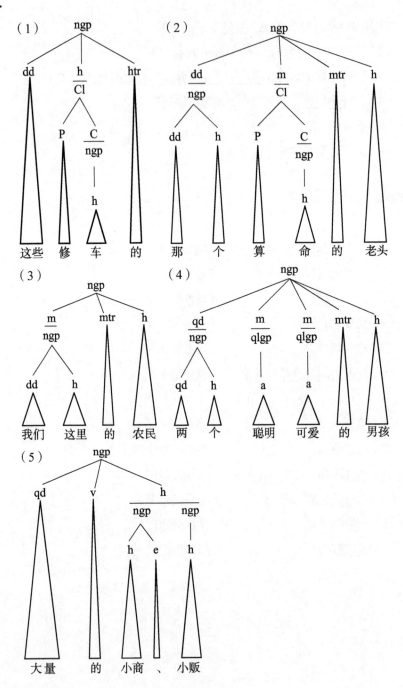

（6）

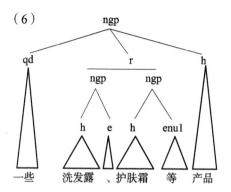

## 第五章

**1.**

（1）<u>最棒</u>（调节词）

（2）<u>十分</u>特别（调节词）

（3）相当<u>成熟</u>（中心词）

（4）正常<u>而且</u>顺利（连接词）

（5）<u>比他想象的</u>顽强（完成语）

（6）<u>在参赛的亚洲各国或地区的12名运动员中</u>最快（完成语）

**2.**

（1）<u>不</u>错（简单程度调节词）

（2）<u>更</u>成熟（参照程度调节词）

（3）<u>三米</u>长（简单程度调节词）

（4）<u>如此</u>残酷（强调调节词）

（5）<u>那么</u>美好（强调调节词）

（6）<u>这般</u>疯狂（强调调节词）

（7）<u>一向</u>从容不迫（状语性调节词）

（8）<u>生活上</u>富裕、<u>精神上</u>富有、<u>文化上</u>富足（状语性调节词）

3.

（1）格外清爽

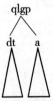

（2）这般重要

（3）深蓝

（4）比红木更沉

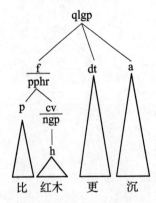

（5）比以前漂亮

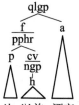

（6）太深以至于无法消除

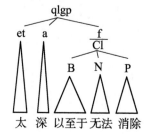

## 第六章

**1.**

（1）相当<u>多</u>　　　　　（量额）

（2）<u>比我们</u>多　　　　（数量词组完成语）

（3）多<u>两个</u>　　　　　（调节项）

（4）至少<u>一部分</u>　　（量额）

（5）<u>很少</u>一些　　　　（调节项）

（6）二十五步<u>开外</u>　（调节项）

**2.**

（1）<u>确实</u>很多　　　　（强调完成语）

（2）<u>和过去一样</u>多　　（比较完成语）

（3）<u>他们中</u>很少　　　（范围完成语）

（4）<u>实在</u>太少　　　　（强调完成语）

（5）<u>比女性</u>多　　　　（比较完成语）

（6）<u>他们中间</u>很多　　（范围完成语）

3.

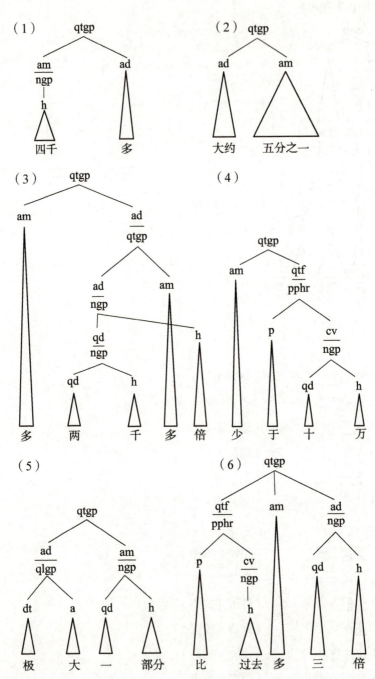

（1）

qtgp

$\frac{am}{ngp}$ 　ad

h

四千　　　多

（2）

qtgp

ad　　am

大约　　五分之一

（3）

qtgp

am　　$\frac{ad}{qtgp}$

$\frac{ad}{ngp}$　　am

$\frac{qd}{ngp}$　　h

qd　　h

多　两　千　多　倍

（4）

qtgp

am　　$\frac{qtf}{pphr}$

p　　$\frac{cv}{ngp}$

qd　　h

少　于　十　万

（5）

qtgp

$\frac{ad}{qlgp}$　　$\frac{am}{ngp}$

dt　　a　　qd　　h

极　大　一　部分

（6）

qtgp

$\frac{qtf}{pphr}$　　am　　$\frac{ad}{ngp}$

p　　$\frac{cv}{ngp}$　　qd　　h

h

比　过去　多　三　倍

## 第七章

**1.**

（1）在<u>东北</u>（中心词为方位词的名词词组）

（2）像<u>他</u>（中心词为代词的名词词组）

（3）直到<u>周末</u>（中心词为时间词的名词词组）

（4）从<u>贫穷</u>到<u>富裕</u>（性质词组）

（5）通过<u>参加评选</u>（小句）

**2.**

（1）<u>在古代</u>有很多蝗灾的记载。（主语）

（2）张恨水的第二次结婚是<u>在北京</u>。（补语）

（3）<u>关于安全</u>的会议（名词词组的前修饰语）

（4）<u>在美国</u>最受欢迎（性质词组的完成语）

（5）<u>比她</u>幸福（性质词组的完成语）

**3.**

（1）在单位

（2）关于我的梦

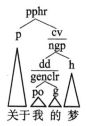

（3）在学校和在其他学府

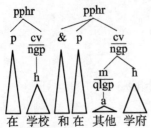

（4）通过学习中文

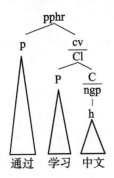

## 第八章

1.

（1）<u>距</u>（今）30年　　　　　　　　（介谓体）

（2）向（东）<u>20米</u>　　　　　　　　（介谓体调节词）

（3）离（北京）<u>300公里</u>　　　　　（介谓体调节词）

2.

（1）就在（双方关系紧张）的时候　　（在……时候）

（2）紧接着（举行了记者招待会）　　（接着）

（3）真如同（聆听着青春的吟唱）　　（如同）

（4）或者换句话说，（是贫穷）　　　（换句话说）

（5）实在因为（她年老了）　　　　　（因为）

（6）或者在（天气好）的时候　　　　（在……时候）

3.

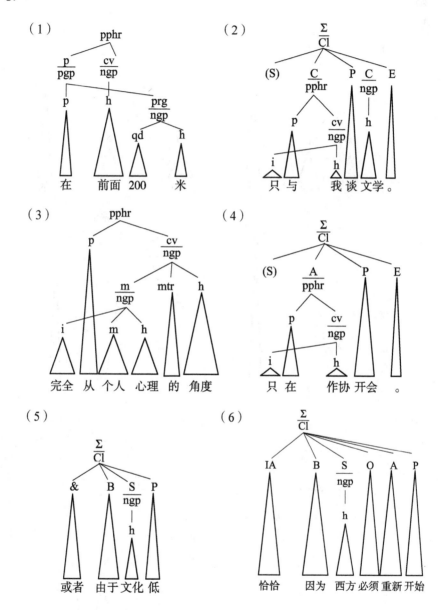

## 第九章

1.

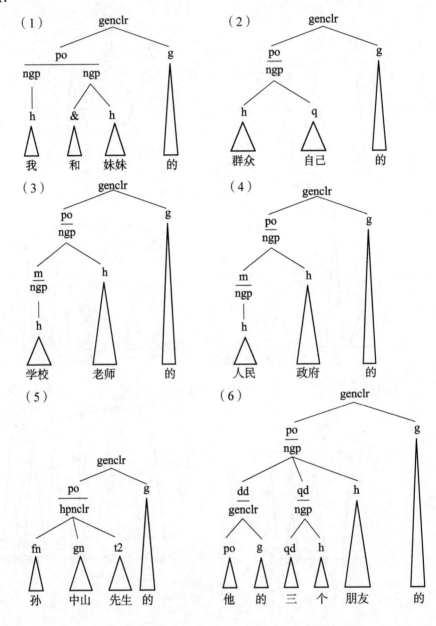

2.

（1）"飞人"迈克尔·乔丹　　　　　　　　（昵称/绰号）

（2）美国前总统乔治·布什　　　　　　　　（姓氏）

（3）中央书记处书记毛泽东　　　　　　　　（职位）

（4）湖北省先进工作者龚克华　　　　　　　（荣誉头衔）

（5）新闻部经理布莱恩·克利尔先生　　　　（信息单位边界标记）

（6）陆军元帅奥古斯都·冯·格奈森瑙伯爵　（第二姓前名）

3.

（1）美国纽约103街　　　　　　　　　　　（市）

（2）0712–230435转239　　　　　　　　　（分机）

（3）七九年的十二月六号　　　　　　　　　（日期选择语）

（4）020–84111686或84036491　　　　　　（地区代码）

（5）至元三十一年正月廿二　　　　　　　　（年份）

（6）国电集团公司生产经营部　　　　　　　（部门名称）

## 第十章

1.

（1）万把斤

（2）奇迹出现：肝功能正常

（3）他的爱好是不少，如集邮、游泳、唱卡拉OK

2.

（1）两万多块　　　　　（数量词组中的非连续现象）

（2）离巢1600多千米　　（介词词组中的非连续现象）

（3）太多的孽，以至于现在受到这样的对待

　　　　　　　　　　　　　（性质词组中的非连续现象）

（4）我喜欢的人不胜枚举，如：多明戈、卡雷拉斯、拉斐尔等等

　　　　　　　　　　　　　（名词词组中的非连续现象）

3.

（1）

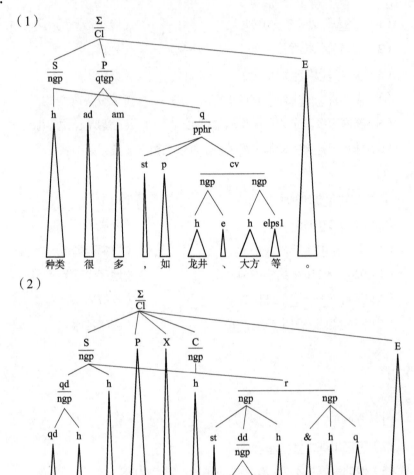

（2）

第十一章

1.

（1）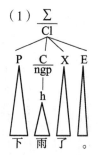

（2）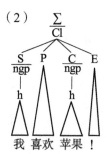

（3）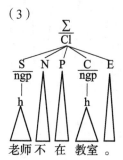

（4）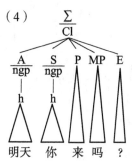

（5）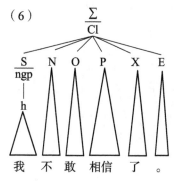

2.

（1）

（2）

（3）

（4）

（5）

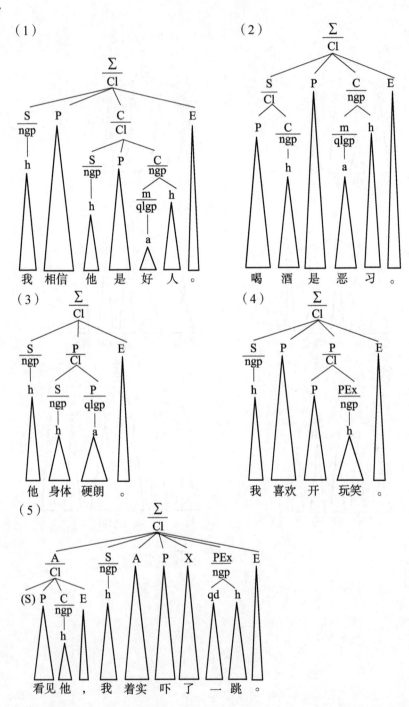

（6）

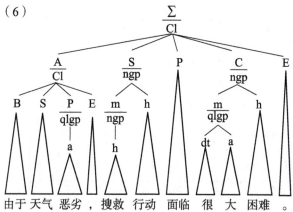

3.

（1）

（2）

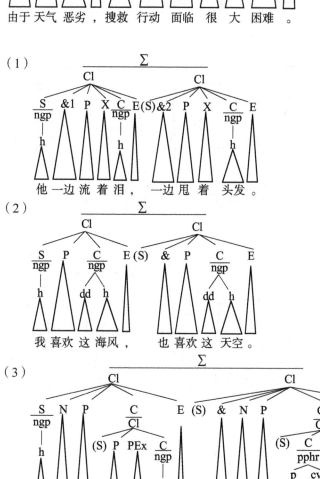

（3）

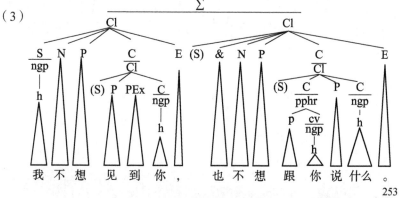

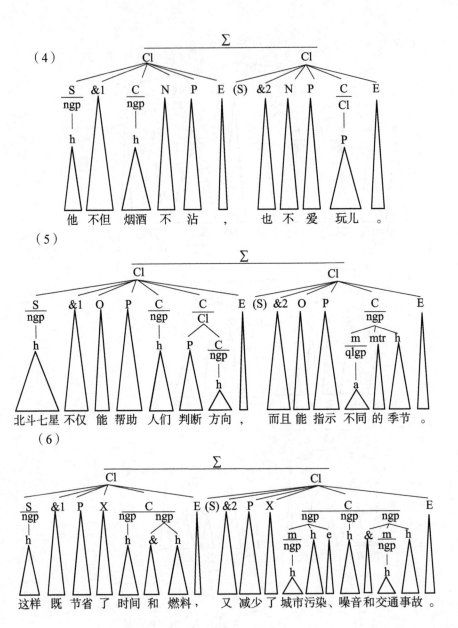

（4）
（5）
（6）

# 参考文献

Fawcett, R. P. 1973/1981. Generating a sentence in systemic functional grammar. Mimeo. In M. A. K. Halliday & J. R. Martin (eds.). *Readings in Systemic Linguistics* (pp. 146-183). London: Batsford.

Fawcett, R. P. 1974-1976. Some proposals for systemic syntax 1-3. *MALS Journal* 1(2): 1-5, 2(1): 43-68, 2(2): 36-68.

Fawcett, R. P. 1980. *Cognitive Linguistics and Social Interaction*. Exeter and Heidelberg: University of Exeter and Julius Groos.

Fawcett, R. P. 2000. *A Theory of Syntax for Systemic Functional Linguistics*. Amsterdam: Benjamins.

Fawcett, R. P. 2008. *Invitation to Systemic Functional Linguistics through the Cardiff Grammar: An Extension and Simplification of Halliday's Systemic Functional Grammar* (3rd ed.). London: Equinox.

Halliday, M. A. K. 1961. Categories of the theory of grammar. *Word* (17): 241-292.

Halliday, M. A. K. 1966. Some notes on "deep" grammar. *Journal of Linguistics* 2(1): 110-118.

Halliday, M. A. K. 1967a. Notes on transitivity and theme in English 1. *Journal of Linguistics* 3(1): 37-81.

Halliday, M. A. K. 1967b. Notes on transitivity and theme in English 2. *Journal of Linguistics* 3(2): 199-244.

Halliday, M. A. K. 1968. Notes on transitivity and theme in English 3. *Journal of Linguistics* 4(2): 179-215.

Halliday, M. A. K. 1978. *Language as Social Semiotic: The Social Interpretation of Language and Meaning*. London: Arnold.

Halliday, M. A. K. 1985. *An Introduction to Functional Grammar*. London: Arnold.

Halliday, M. A. K. 1994. *An Introduction to Functional Grammar* (2nd ed.). London: Arnold.

Halliday, M. A. K. 2002-2007. *Collected Works of M. A. K. Halliday*, Vols.1-10 (edited by J. J. Webster). London: Continuum.

Halliday, M. A. K. 2013. *Halliday in the 21st Century* (edited by J. J. Webster). London: Bloomsbury.

Halliday, M. A. K. & Matthiessen, C. M. I. M. 1999. *Construing Experience Through Meaning: A Language-based Approach to Cognition*. London: Cassell.

Halliday, M. A. K. & Matthiessen, C. M. I. M. 2004. *An Introduction to Functional Grammar* (3rd ed.). London: Arnold.

Halliday, M. A. K. & Matthiessen, C. M. I. M. 2013. *An Introduction to Functional Grammar* (4th ed.). London: Arnold.

Halliday, M. A. K. & McDonald. E. 2004. Metafunctional profile of the grammar of Chinese. In A. Caffarel, J. R. Martin & C. M. I. M. Matthiessen (eds.). Language Typology: A Functional Perspective. Amsterdam/Philadelphia: Benjamins.

Li, E. S. 2007. *A Systemic Functional Grammar of Chinese*. London: Continuum.

Matthiessen, C. M. I. M. 2007. The "architecture" of language according to systemic functional theory: Developments since the 1970s. In R. Hasan, C. M. I. M. Matthiessen & J. J. Webster (eds.). *Continuing Discourse on Language: A Functional Perspective, Vol. 2* (pp. 505-561.). London: Equinox.

Tucker, G. H. 1998. *The Lexicogrammar of Adjectives: A Systemic Functional Approach to Lexis*. London: Cassell.

龚千炎，1995，《汉语的时相时制时态》。北京：商务印书馆。

何伟，2006，时态的小句层次性之系统功能语法研究，《外语与外语教学》（7）：55-59。

何伟，2007，《英语时态论》。北京：高等教育出版社。

何伟，2008，《英语语篇中的时态研究》。北京：北京大学出版社。

何伟，2012，加的夫语法说略。载黄国文、辛志英（编），《系统功能语言学研究现状和发展趋势》。北京：外语教学与研究出版社。239-259。

何伟，2014，"Bi-functional constituent constructions" in modern Mandarin Chinese: A Cardiff grammar approach，*Language Sciences* (42): 43-59。

何伟，即出，"Subject-predicate predicate sentences" in modern Mandarin Chinese: A Cardiff grammar approach.

何伟、段耀华，2013，基于加的夫语法对汉语性质词组的研究，《北京科技大学学报（社会科学版）》（5）：1-8。

何伟、高生文（编），2011，《功能句法研究》。北京：外语教学与研究出版社。

何伟、洪南竹，2014，"的"字在汉语名词词组中的功能研究：加的夫语法视角，《解放军外国语学院学报》（5）：82-90。

何伟、滑雪，2013，现代汉语"是"字的功能研究，《外语学刊》（1）：55-63。

何伟、滑雪、张敬源，2013，现代汉语典型助动词"要"字的句法功能研究，《山东外语教学》（3）：37-42。

何伟、彭漪，2008，加的夫语法对悉尼语法的扩展：例证阐释，《北京科技大学学报（社会科学版）》（1）：108-116。

何伟、苏淼，2013，从加的夫语法看汉语单复句划分标准，《北京科技大学学报（社会科学版）》（1）：1-11。

何伟、杨楠，2014，基于加的夫语法的现代汉语"动补结构"研究，《北京科技大学学报（社会科学版）》（1）：1-13。

何伟、张敬源，2010，《走近系统功能语言学：加的夫语法》述评，《外语教学与研究》（2）：150-153。

何伟，张敬源，2013，A study of Chinese serial verb constructions within the framework of the Cardiff grammar. *Linguistics and the Human Sciences* 8(1): 123-165。

何伟、张敬源等，2014,《英汉功能句法专题研究》。北京：对外经济贸易大学出版社。

胡壮麟、朱永生、张德禄、李战子，2005,《系统功能语言学概论》。北京：北京大学出版社。

黄国文，2008，系统功能语言学的一个模式：加的夫语法,《北京科技大学学报（社会科学版）》（1）：93-100。

龙日金、彭宣维，2012,《现代汉语及物性研究》。北京：北京大学出版社。

马真，1997,《简明实用汉语语法教程》。北京：北京大学出版社。

邵敬敏、任芝锳、李家树、税昌锡、吴立红，2009,《汉语语法专题研究》。北京：北京大学出版社。

史金生，2011,《现代汉语副词连用顺序和同现研究》。北京：商务印书馆。

邢福义（编），2011,《现代汉语》。北京：高等教育出版社。

张敬源、段耀华，2013，汉语性质词组的句法功能研究,《北京第二外国语学院学报》（6）：11-16。

张敬源、顾颖，2009，加的夫语法对悉尼语法词组单位的扩展,《外语教学》（3）：17-21。

张敬源、倪梦凝，2013，基于加的夫语法的现代汉语介词词组研究,《北京科技大学学报（社会科学版）》（1）：12-22。

张敬源、王深，2013，基于加的夫语法的现代汉语"把"字结构及物性研究,《当代外语研究》（4）：12-15。

张敬源、张艺，2012,"有"字比较句的加的夫视角研究,《北京科技大学学报（社会科学版）》（1）：34-40。

周有斌，2010，现代汉语助动词研究。合肥：安徽大学出版社。